Gramática visual
FRANCÉS

de
Muriel Rist

D1711959

PONS
Gramática visual
FRANCÉS

de
Muriel Rist

Edición para España y países de habla española:
© SGEL, Alcobendas (Madrid), 2019

1.ª edición, 2019
2.ª edición, 2022

Dirección editorial: Javier Lahuerta
Edición: Belén Cabal
Maquetación: Violeta Cabal
Adaptación al español: equipo SGEL

Basado en:
Grammatik in Bildern
FRANZÖSISCH
ISBN: 978-3-12-562961-5

© PONS GmbH, Stöckachstraße 11, 70190 Stuttgart, 2018
Gestión del proyecto: Canan Eulenberger-Özdamar
Edición: Anika Braunshausen
Diseño de cubierta: Ilham Widmann, Stuttgart
Diseño y maquetación: digraf.pl – dtp services

SGEL
Avenida Valdelaparra, 29
28108 Alcobendas (Madrid)

www.ponsidiomas.com

ISBN: 978-84-16782-64-2

Depósito legal: M-28423-2019
Printed in Spain - Impreso en España
Impresión: Gómez Aparicio Grupo Gráfico

¿Tienes curiosidad?

Entonces entra...

... en una nueva experiencia gramatical

¿Por qué una gramática visual?

Una de las razones eres tú y probablemente también el motivo por el que tienes este libro en las manos.

La mayoría de las personas que aprenden un idioma quieren o necesitan utilizar la gramática. A algunas personas no se les da bien y muchas temen las interminables explicaciones y las incomprensibles reglas.

Muchas de estas personas son «aprendices visuales», o sea, que aprenden mejor cuando los contenidos son visuales, es decir, con imágenes.

Aprendizaje visual fácil

No solo las imágenes, sino también los gráficos, las formas y el color ayudan a nuestro cerebro a estructurar y comprender los textos.

Este libro aprovecha este principio para mostrar las reglas complejas y «secas» de forma clara y sencilla.

Esta gramática no e solo un libro de imágene más bien la visualización d ellas da apoyo al texto, rompe masa pura de texto y te ayuda comprender y procesar mejor contenido lingüístic

1 imagen dice más que 1000 palabras

Hay algo de verdad en este dicho porque nuestros cerebros pueden captar imágenes y elementos visuales mucho más rápido que un texto con el mismo contenido. De hecho, solo tarda una fracción de segundo en hacerlo.

Proporciona tranquilidad emocional...

... porque las cosas que sientes se recuerdan durante más tiempo que las cosas que te «dejan frío».

Las imágenes y las representaciones visuales son ideales para transmitir emociones. Son más fáciles de memorizar y proporcionan motivación, ¡la base del éxito del aprendizaje!

La combinación de contenido gramatical y de representaciones visuales crea la base para un aprendizaje relajado y positivo.

Así es como se estructura GRAMÁTICA VISUAL:

En este libro encontrarás 17 capítulos con **todos los temas gramaticales importantes de los niveles A1-B2** de francés.

1 ¡HOLA Y BIENVENIDO!

Cada capítulo te da la bienvenida de manera amistosa con una imagen de gran formato y presenta brevemente **de qué trata el capítulo**.

2 Primeros pasos: SUAVEMENTE Y POR COLORES

Nuestras páginas de inicio son deliberadamente claras y simples, para que inicialmente te concentres solo en lo **esencial**.

La página doble te muestra los temas que te esperan en las siguientes páginas. ¡Ni más ni menos!

El claro **sistema de colores** garantiza la estructura y el orden, porque **cada color representa un fenómeno gramatical**, que se señala en todo el capítulo por ese color en exclusiva.

3 Los contenidos: ¡ABRE BIEN LOS OJOS!

Los **colores** de la página de inicio **se mantienen** en todo el capítulo, por lo que siempre sabrás de qué trata cada uno.

La combinación de **colores, diseños e imágenes** facilita el aprendizaje y la memorización.

Hemos evitado deliberadamente los textos largos. En su lugar, encontrarás porciones de aprendizaje claramente ordenadas, lo cual te permitirá concentrarte y aprender de manera fácil y eficiente.

Todo el mundo puede aprender gramática, ¡solo hay que empezar!

Te deseamos mucho éxito y diversión.

La redacción de PONS idiomas.

ÍNDICE

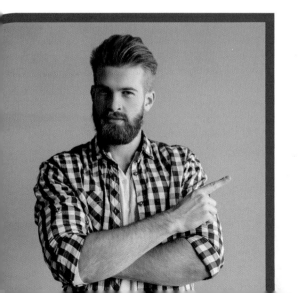

1 El artículo

¿**Qué** son los artículos y **para qué** los uso?

¿**Cuántos** artículos hay en francés?

¿**Cuándo** utilizo **cada uno**?

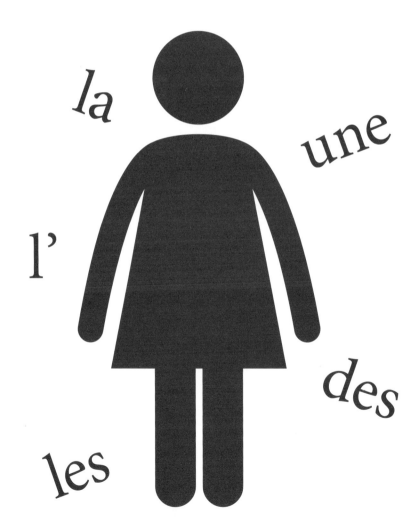

la

une

l'

des

les

le

un

l'

des

les

En francés, como en español, hay...

... artículos determinados

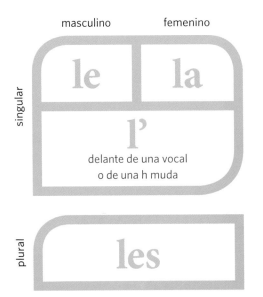

masculino · femenino

singular

| le | la |

l'
delante de una vocal
o de una h muda

plural

les

la **fille**
la **niña**

¡Así de sencillo! A diferencia del español en francés
solo hay un artículo masculino y femenino plural.

... y
artículos
indeterminados

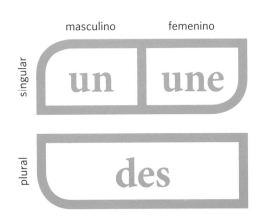

masculino · femenino

singular

| un | une |

plural

des

Además, hay también...

... artículos partitivos

El género de muchos sustantivos es **distinto** que en español. Aprende cada nueva palabra acompañada del artículo determinado correspondiente (le/la).

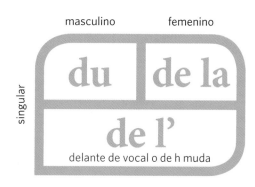

	masculino	femenino
singular	**du**	**de la**
	de l' delante de vocal o de h muda	
plural	**des**	

la voiture
el coche

le lit
la cama

En español no existe el artículo partitivo. Por tanto, ¡cuidado!

... y
artículos contractos

En español solo tenemos dos formas que son las del singular (al y del), pero en francés también tienen otras dos para el plural:

$$à + le = au$$
$$à + les = aux$$

¡Simple!

$$de + le = du$$
$$de + les = des$$

Le chevalier donne le dragon au fils du roi.
El caballero le da el dragón al hijo del rey.

Les enfants donnent les biscuits aux chiens des voisins.
Los niños dan las galletas a los perros de los vecinos.

El artículo determinado

Igual que en español en francés se coloca el artículo **delante** del sustantivo.

masculino | femenino

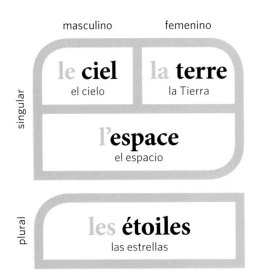

le **ciel**	la **terre**
el cielo	la Tierra

l'**espace**
el espacio

singular

les **étoiles**
las estrellas

plural

a...	El artículo determinado **singular** se
e...	transforma en l'
i...	cuando acompaña
o...	a sustantivos que
L' u...	empiezan por
y...	**vocal** o h muda,
	sean masculinos o
h...	femeninos.

h muda vs. **h aspirada**

En francés, la **h** nunca se pronuncia; no obstante, hay ciertas palabras que empiezan por **h** que no permiten el artículo con **apóstrofo** ni la **liaison** (unión de dos sílabas al pronunciarse). Decimos que este tipo de **h** es **aspirada**:

le héro [lɔeɔo] el héroe
les héros [leeɔo] los héroes

l'<u>h</u>omme
et
l'<u>é</u>léphant

Je cherche
l'**Espagne**.
Yo busco España.

J'apprends
le **français**.
Yo aprendo
francés.

Continentes,
países y
provincias

Giros fijos

Información
de tiempo que
expresa una
regularidad.

Atención: en francés
se usa el **artículo
determinado**,
aunque en algunos
casos en español
no se utiliza. Fíjate
bien.

Partes del
cuerpo

Elle a les **yeux** verts.
Ella tiene los **ojos** verdes.

Le **vendredi,** je
mange de l'aïoli.
Los **viernes** como alioli.

la totalidad de un
conjunto

títulos

J'aime la **confiture**.
Me gusta la **mermelada**.

Le **docteur Lacroix**
est en vacances.
El **doctor Lacroix** está
de vacaciones.

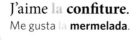

El género de los países

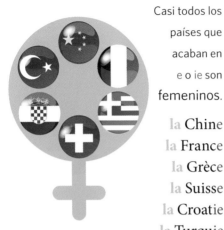

Casi todos los países que acaban en e o ie son **femeninos**.

La mayoría de los demás países son **masculinos**.

la Chine	le Brésil
la France	le Canada
la Grèce	le Chili
la Suisse	le Danemark
la Croatie	le Japon
la Turquie	le Kazakhstan

Algunos se nombran en plural: **les** États-Unis, **les** Pays-Bas ...

Nombres de países femeninos

Cuando los nombres de países se usan con las preposiciones **en**, **de** y **d'** no admiten el artículo.

Ma famille habite **en** France, mais mon père vient **de** Belgique et ma mère vient **d'**Allemagne.

Mi familia vive **en** Francia, pero mi padre es **de** Bélgica y mi madre **de** Alemania.

Nombres de países masculinos y países en plural

Con las preposiciones **à** y **de** el artículo se contrae. Ma famille habite **au** Canada, mais ma mère vient **du** Japon et mon père vient **des** États-Unis.

Mi familia vive **en** Canadá, pero mi madre es **de** Japón y mi padre **de** Estados Unidos.

Cuando los artículos **le** y **les** siguen a las preposiciones **à** o **de**, se combinan con ellas en una palabra:

à + le = au	**de + le = du**
à + les = aux	**de + les = des**

Por ej.: con **penser à**: Je pense **au** théâtre, **à la** danse, **à l'**opéra et **aux** amis.

Por ej.: con **parler de**: Je parle **du** théâtre, **de la** danse, **de l'**opéra et **des** amis.

El artículo indeterminado

	masculino	femenino
singular	**un** homme un hombre	**une** femme una mujer
plural	**des** gens unas personas	

La liaison después de des es la misma que la de les: [z]
des hommes [dezɔm] los hombres
des enfants [dezãfã] los niños

Pronuncia un como en lundi.

Después de un o une, se produce la liaison ante una vocal o una h muda:
un homme [œ̃nɔm] un hombre
une amie [ynami] una amiga

Plural:
Aunque en español se puede omitir en algunas ocasiones el artículo indefinido en plural, en francés hay que ponerlo siempre.

J'achète un livre.
Yo compro un libro.

J'achète des livres.
Yo compro (unos) libros.

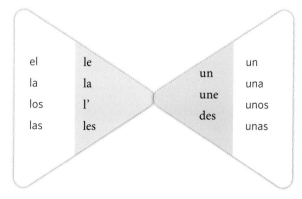

el	le		un	un
la	la	un		una
los	l'	une		unos
las	les	des		unas

15

El artículo partitivo

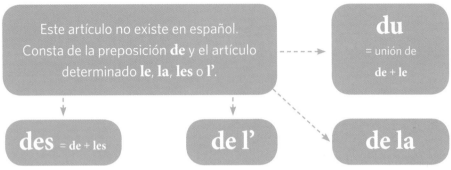

Este artículo no existe en español.
Consta de la preposición **de** y el artículo determinado **le**, **la**, **les** o **l'**.

du
= unión de
de + le

des = de + les

de l'

de la

Utiliza el artículo partitivo...

... cuando quieras expresar la parte de un todo

pain - pan
confiture - mermelada
eau - agua

Il prend
du pain,
de la confiture
et de l'eau.

Él toma pan, mermelada y agua.

... con locuciones fijas

faire + actividad:
faire du sport
faire de la danse ...
hacer deporte / bailar

jouer + instrumento:
jouer du violon -
tocar el violín

Il joue
de la batterie
Él toca la batería.

... con cosas indivisibles para expresar una cantidad indeterminada

temps - tiempo
chance - suerte
amour - amor
pluie - lluvia

Tu as
de la chance !

¡Tienes suerte!

¡Fácil de recordar!
avec (con) ▶ con artículo partitivo
sans (sin) ▶ sin artículo partitivo

Je prends mon café **avec** du lait
mais **sans** sucre.
Yo tomo mi café con leche, pero sin azúcar.

Después de **de** y **sans** no se usa el partitivo

Il rêve de femmes.
Él sueña con mujeres.

Une nuit sans lune.
Una noche sin luna.

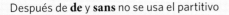

de

sans $\xrightarrow{\times}$ sustantivo

Pero si precisamente se quiere señalar algo
específico, entonces sí se usa el
artículo partitivo (**de** + artículo determinado)

Il rêve de la femme qu'il aime.
Él sueña con la mujer que ama.

de +

du,
de la,
de l'
des

$\longrightarrow$ sustantivo determinado

Cuando se quiere expresar un conjunto o clase como tal no se usa el partitivo.

J'aime le thé, mais je préfère le champagne.
Me gusta el té, pero prefiero el champán.

le,
la,
l',
les

$\times$ $\longrightarrow$ conjunto o categoría

Después de elementos de negación o de cantidad

no se usa el artículo determinado sino el partitivo.

Elementos de negación

p.ej.: ne... pas
ninguno

ne... plus
no más

ne... jamais
jamás

$\boxed{\text{de } \atop \text{d'}}$ + sustantivo

Cantidades

p.ej.: peu
poco

assez
bastante

un litre
un litro

un kilo
un kilo

une bouteille
una botella

beaucoup
mucho

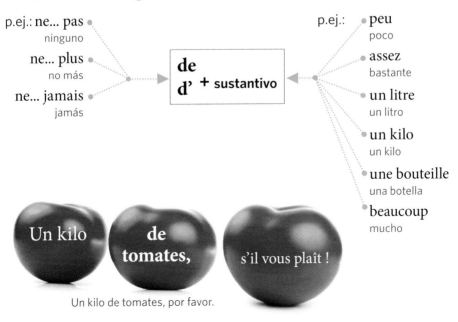

Un kilo de tomates, s'il vous plaît !

Un kilo de tomates, por favor.

2 El sustantivo

¿**Qué** son sustantivos?

¿**Cuándo** los uso?

¿Y **a qué** tengo que prestar atención en francés?

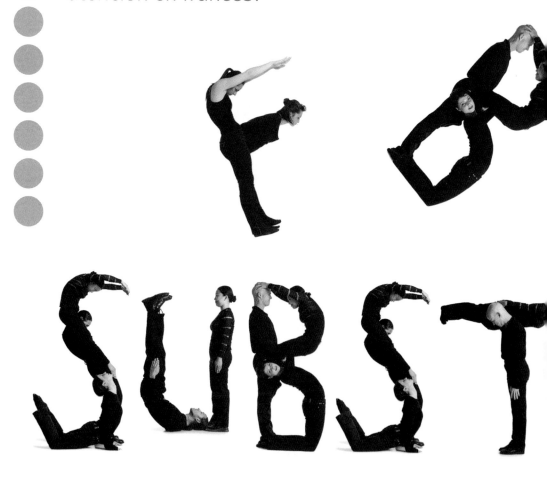

Todos los **sustantivos** se identifican por género
(masculino o **femenino**)
y número (singular o **plural**).

masculino

singular

masculin singulier

plural

masculin pluriel

femenino

féminin singulier

féminin pluriel

● singular

●● plural

El género

El género en los seres animados

En francés solo hay sustantivos masculinos y femeninos.

Los sustantivos que designan a personas y animales toman el género que estos tienen por **naturaleza**: así el **gallo** lógicamente es le **coq** y la **gallina la poule**.

Así como normalmente el español cambia la -o final por una -a (**el vecino / la vecina**), la marca del femenino en francés es añadir una -e que no se pronuncia. No obstante, muchas personas o animales tienen una terminación propia para cada uno de los géneros:

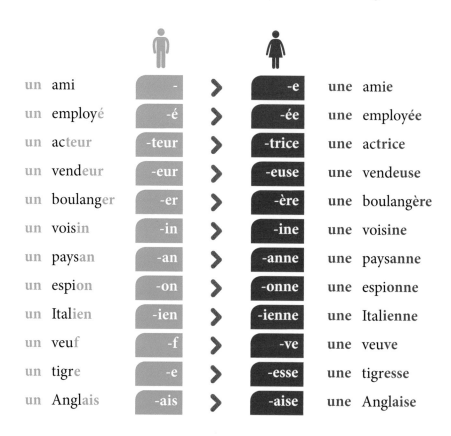

un	ami	-	-e	une amie
un	employé	-é	-ée	une employée
un	acteur	-teur	-trice	une actrice
un	vendeur	-eur	-euse	une vendeuse
un	boulanger	-er	-ère	une boulangère
un	voisin	-in	-ine	une voisine
un	paysan	-an	-anne	une paysanne
un	espion	-on	-onne	une espionne
un	Italien	-ien	-ienne	une Italienne
un	veuf	-f	-ve	une veuve
un	tigre	-e	-esse	une tigresse
un	Anglais	-ais	-aise	une Anglaise

Que no te desanimen las
excepciones.
¡Son escasas!

un pécheur	une péch**eresse**
un copain	une cop**ine**
un compagnon	une compag**ne**

¡Un pequeño detalle!

le pécheur / **la pécheresse**
el pecador / la pecadora
le pêcheur / **la pêcheuse**
el pescador / la pescadora

¡El pescador tiene un acento
circunflejo (ˆ) sobre la e!

Con frecuencia los sustantivos
masculinos y **femeninos** son
idénticos.
Así que para saber su género
tendrás que guiarte por el
artículo.

un élève	une élève
un enfant	une enfant
un journaliste	une journaliste
un secrétaire	une secrétaire

Para algunas profesiones solo existe un vocablo masculino (p.ej.: **un
ingénieur, un médecin, un reporter**...)
Aquí el género lo reconocerás por el pronombre personal:
Elle est médecin. Ella es médica.

También hay seres vivos
en los que el género
masculino y **femenino**
se designa con
diferentes sustantivos.

un homme	une femme
un garçon	une fille
un frère	une sœur

El género
de las cosas

Los nombres en francés a menudo tienen un **género** diferente al del español (por ejemplo: le **vélo** la bicicleta la **méthode** el método).

Por lo tanto, iaprende siempre el **artículo** con el sustantivo!

El género de grupos palabras

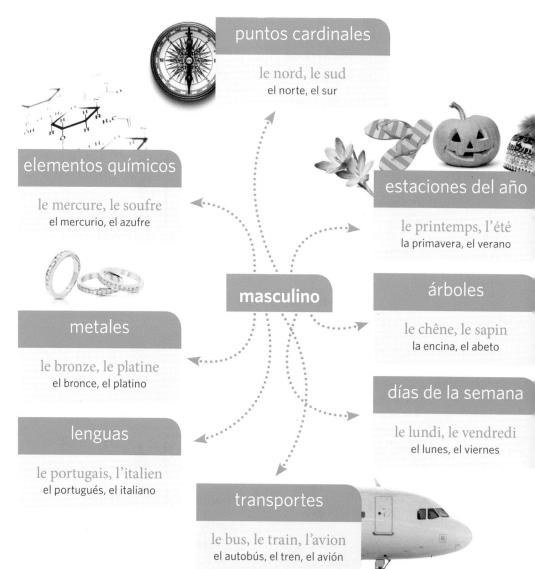

puntos cardinales

le nord, le sud
el norte, el sur

elementos químicos

le mercure, le soufre
el mercurio, el azufre

estaciones del año

le printemps, l'été
la primavera, el verano

masculino

árboles

le chêne, le sapin
la encina, el abeto

metales

le bronze, le platine
el bronce, el platino

días de la semana

le lundi, le vendredi
el lunes, el viernes

lenguas

le portugais, l'italien
el portugués, el italiano

transportes

le bus, le train, l'avion
el autobús, el tren, el avión

la mayoría de los países

la France, la Pologne
pero le Danemark
Francia, Polonia, Dinamarca

la mayoría de los ríos

la Seine, la Loire
pero le Rhône, le Danube
el Sena, el Loira, el Ródano,
el Danubio

femenino

la mayoría de las ciencias

la géographie, la médecine
pero le droit
la geografía, la medicina,
el derecho

los nombres de coches

la BMW, la Citroën
el BMW, el Citroën

le livre el libro	**la livre** la libra
le mode el modo	**la mode** la moda
le tour el paseo / el viaje / la vuelta	**la tour** la torre

Algunos sustantivos coinciden en
la forma, pero itienen género y
significado distinto!

J'ai fait le **tour** du monde et
j'ai vu la **tour** Eiffel.
He dado la vuelta al mundo y
he visto la torre Eiffel.

El género en algunas terminaciones

A menudo la clave para reconocer el género está en el sonido de la terminación. No obstante, algunas palabras se escriben distinto pero pueden tener el mismo sonido. La mayoría de los sustantivos masculinos terminan en un sonido vocálico.

Los sustantivos que acaban en estas terminaciones suelen ser masculinos:

Excepciones

-aire	le commissaire, le dictionnaire	
-an (+cons)	un an, le sang	
-ent	le vent, un agent	la dent
-ier	le métier, le cahier	
-et	le billet, le guichet	
-in	le vin, le voisin	la fin
-ain	le pain, le bain	la main
-ail	le travail, le détail	
-al	le cheval, un hôpital	
-isme	le tourisme, le socialisme	
-eau	le tableau, le bureau	une eau
-oir	le devoir, le pouvoir	
-teur	le moteur, un ordinateur	
-age	le garage, le visage	une image, la cage, la page, la plage
-ège	le collège, le manège	

Los sustantivos que acaban en estas terminaciones suelen ser femeninos:

Excepciones

Terminación	Ejemplos	Excepciones
-ade	la promenade, la salade	le stade
-aille	la bataille	
-asse	la paillasse	
-ance	la distance, la confiance	
-ence	la différence, la concurrence	
-ée	la journée, une employée	le musée, le lycée
-elle	la nouvelle, la chandelle	
-ère	la bouchère, la panthère	
-esse	la jeunesse, la politesse	
-ette	la baguette, la cigarette	
-elle	la poubelle	
-euse	la vendeuse, la friteuse	
-eur	la douleur, la peur	
-ie	la boulangerie, la maladie	un incendie
-ité	la nationalité, la popularité	le comité
-ine	la cuisine, la semaine	le domaine
-ise	la maîtrise	
-ose	la névrose	
-otte	la menotte	
-sion, -tion	la télévision, la conversation	
-ure	la nature, la voiture	le mercure
-té	la bonté, la santé	le pâté, l'été
-tude	une habitude, une inquiétude	

Seguramente ya te habrás dado cuenta de que la mayoría de los **sustantivos femeninos** también terminan en un sonido consonante.

El plural de los sustantivos

¡Fácil!
La mayoría de los sustantivos suenan igual
en singular que en plural.
Las diferentes grafías no se perciben en la pronunciación.

La mayoría de los sustantivos simplemente añaden una -s en plural.

Esta -s no se pronuncia.

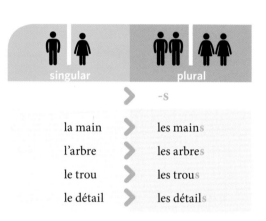

Los sustantivos que acaban en singular en -s, -x o -z no varían en plural.

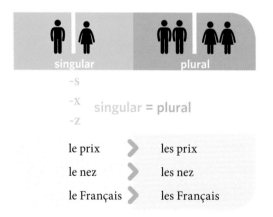

Tanto en singular como en plural estas consonantes finales no se pronuncian.

Los sustantivos que acaban en -au o en -eu añaden una -x para formar el plural.

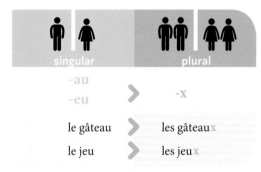

La pronunciación es la misma:
-au [o] ❯ [o]
-eu [ø] ❯ [ø]

le gâteau ❯ les gâteaux
le jeu ❯ les jeux

Excepción: le pneu ❯ les pneus

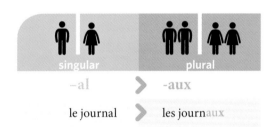

Los sustantivos que acaban en -al forman el plural en -aux.

-al [al] ❯ [o]

Algunos sustantivos que acaban en -ail hacen el plural en -aux (le travail ❯ les travaux).

-ail [aj] ❯ [o]

Fermeture Pour Travaux

Hay 7 excepciones -ou ❯ -oux: bijou, chou, pou, caillou, genou, joujou, hibou

La pronunciación es la misma:
-ou [u] ❯ [u]

Truco mnemotécnico de la abuela:

Venez mes choux, mes bijoux, mes joujoux sur mes genoux et jetez des cailloux à ces hiboux plein de poux ! ¡Venid, queridos míos, mis joyas, mis juguetes, venid a mis rodillas, y tirad con piedrecitas a estos búhos llenos de piojos!

3   El adjetivo

¿**Qué** son los adjetivos?

¿**Para qué** los necesito?

¿**Cómo** los formo?

heureux

malheureux

El adjetivo **concuerda en género** y **número** con el **sustantivo** al que se refiere.

¡Sencillo!
Al igual que el español, el francés solo tiene 4 formas: masculino singular, masculino plural, femenino singular y femenino plural.

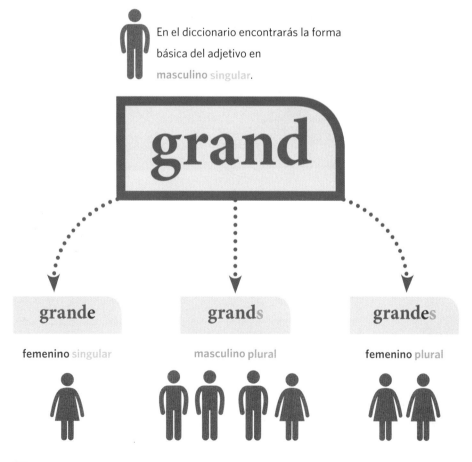

En el diccionario encontrarás la forma básica del adjetivo en
masculino singular.

grand

grande

femenino singular

grands

masculino plural

grandes

femenino plural

¡Reglas fáciles! En general bastan
2 **letras** para que el adjetivo concuerde
con el sustantivo:
femenino ❭ + e
plural ❭ + s

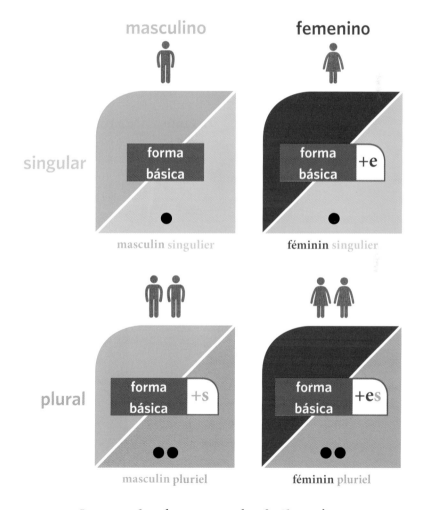

Les **grandes** choses sont plus **faciles** qu'on ne pense.
Las cosas grandes son más fáciles de lo que se piensa.
(Voltaire)

La posición del adjetivo

La mayoría de los **adjetivos**, en especial los de varias sílabas, se colocan generalmente **detrás** del **sustantivo**.

Sustantivo	Adjetivo

une forêt **immense**
un bosque **inmenso**

un film **excellent**
una película **excelente**

une conversation **importante**
una conversación **importante**

un roman **passionnant**
una novela **apasionante**

Connaissez-vous les aventures **horrifiques**, **magnifiques**, **fantastiques**, **extravagantes**, **ébouriffantes**, **stupéfiantes**, **ahurissantes, hilarantes** et souvent très **instructives** du **bon** géant Gargantua, fils du non moins **gigantesque** Grandgousier ?
François Rabelais (1494 – 1553) Gargantua

¿Conoces las aventuras **horribles**, **magníficas**, **fantásticas**, **extravagantes**, **espeluznantes**, **asombrosas**, **desconcertantes, hilarantes** y, a menudo, **instructivas** del **gran** gigante Gargantua, hijo del no menos **gigantesco** Grandgousier?
François Rabelais (1494-1553) Gargantúa

«Gargantúa y Pantagruel» es una serie de novelas de François Rabelais. El joven gigante Pantagruel y su voraz padre Gargantúa todavía son muy conocidos hoy en día.

A un hombre de gran tamaño o a una comida copiosa también se le llama **pantagruélique**.

Los **adjetivos** cortos y de uso frecuente se colocan **delante** del sustantivo.

| Adjetivo | Sustantivo |

Los principales son...

un beau tableau
una **bonita** pintura

beau, joli, laid
bello, bonito, feo

une **vieille** voiture
un coche **viejo**

jeune, vieux
joven, viejo

grand, petit
grande, pequeño

le **petit** prince
el **pequeño** príncipe

une **bonne** journée
un **buen** día

bon, mauvais
bueno, malo

En unos pocos adjetivos varía el significado dependiendo de si van antes o después del sustantivo, p.ej.:

Adjetivo	Sustantivo

No hay ninguna regla, pero por fortuna estos adjetivos son pocos. Mira los principales:

Sustantivo	Adjetivo

grand

un grand homme
un **gran** hombre

un homme grand
un hombre **grande**

pauvre

un pauvre homme
un **pobre** hombre

un homme pauvre
un hombre **pobre**

dernier

la **dernière** minute
el **último** minuto

l'année **dernière**
el año **pasado / anterior**

Al igual que en español, el adjetivo también puede **usarse con verbos**, especialmente con los denotan estado, como **être**, **paraître**, **sembler** o **rester**.

Ella	es	bonita.	Elle	**est**	**belle.**
	sigue siendo			**reste**	
	se ve			**paraît**	
	parece			**semble**	

Elle est jolie, mais le miroir est trompeur.
Ella es bonita, pero el espejo es engañoso.

El **adjetivo**, (usado en términos predicativos) también concuerda en **género** y **número** con el nombre al que se refiere.

Je suis amoureuse !
Estoy enamorada

Je suis amoureux !
Estoy enamorado

Las formas del adjetivo

(Género)

La forma femenina del adjetivo se forma añadiendo una -e a la forma masculina.

 = Adjetivo

 = Adjetivo +e

La mayoría de los adjetivos

le chemin privé
El camino privado

la propriété privée
La propiedad privada

Si la forma masculina termina en -e (no en -é), la forma femenina se queda igual.

 =

le livre rouge
el libro **rojo**

la voiture rouge
el coche **rojo**

Son especiales las formas femeninas de los adjetivos masculinos que tienen estas terminaciones:

> La mayoría de los diccionarios dan indicaciones para la formación del femenino.

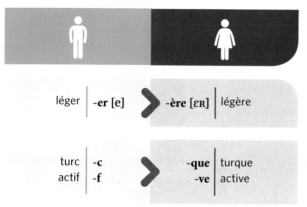

léger	-er [e]	-ère [ɛʀ]	légère	+ Acento grave (`) sobre la e

turc	-c	-que	turque	Cambio de la última letra
actif	-f	-ve	active	

¡Cuidado! **blanc-blanche, sec-sèche, grec-grecque**

coquet	-et	-ette	coquette	
naturel	-el	-elle	naturelle	
gentil	-il	-ille	gentille	
européen	-en	-enne	européenne	Duplicación de la última letra
bon	-on	-onne	bonne	
gros	-os	-osse	grosse	

¡Cuidado! **complet-complète, secret-secrète**

heureux	-eux	-euse	heureuse	
menteur	-eur	-euse	menteuse	
conservateur	-teur	-trice	conservatrice	

¡Cuidado! **meilleur-meilleur, inférieur-inférieure, supérieur-supérieure**

Casos especiales en el femenino

frais	fraîche
favori	favorite
long	longue
fou	folle
mou	molle

Las formas del adjetivo

(Número)

El plural se forma añadiendo una -s al singular.

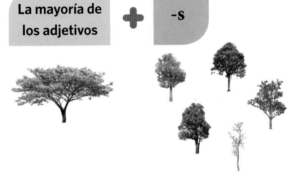

La mayoría de los adjetivos + **-s**

le **petit** arbre
el árbol **pequeño**

les **petits** arbres
los árboles **pequeños**

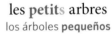

Adjektiv **+es**

-e + **-s**

la **petite** maison
la casa **pequeña**

les **petites** maisons
las casas **pequeñas**

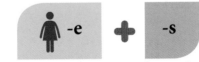

¡Es lógico! Si el femenino se forma con **-e**, el plural termina también en **-es**

un gros sac
un bolso grande

des **gros** sacs
unos bolsos **grandes**

Casos especiales en el plural

Los adjetivos que acaban en -s o -x permanecen igual en plural.

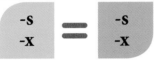

Los adjetivos que acaban en -eau añaden una -x.

le **beau** pull
el suéter **bonito**

les **beaux** pulls
los suéteres **bonitos**

un jeu **génial**
un juego **genial**

des jeux **géniaux**
los juegos **geniales**

La mayoría de los adjetivos que acaban en -al forman el masculino plural en -aux. (El femenino plural es regular: singular + s).

Hay también adjetivos que acaban en -al que forman el plural añadiendo una -s.
(banal-banals, final-finals, fatal-fatals, naval-navals)

Te resultará más fácil si aprendes a la vez el adjetivo acabado en -al con su plural masculino

un problème **banal**
un problema **banal**

des problèmes **banals**
los problemas **banales**

41

Los adjetivos
beau bonito, **nouveau** nuevo y **vieux** viejo

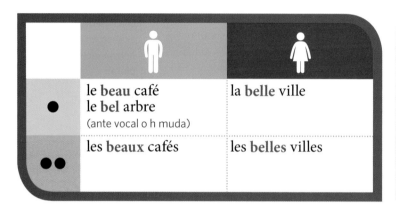

	🧍	🧍‍♀️
●	le **beau** café le **bel** arbre (ante vocal o h muda)	la **belle** ville
●●	les **beaux** cafés	les **belles** villes

Bel, nouvel o vieil aparecen ante una vocal o h muda, para evitar la fea liaison o_a o e_o.

	le **nouveau** café le **nouvel** arbre (ante vocal o h muda)	la **nouvelle** ville
●		
●●	les **nouveaux** cafés	les **nouvelles** villes

	🧍	🧍‍♀️
●	le **vieux** café le **vieil** arbre (Vor Vokal oder stummem h)	la **vieille** ville
●●	les **vieux** cafés	les **vieilles** villes

En el uso predicativo se usa la forma básica, ya que el adjetivo no aparece ante vocal o h muda (p. ej.: l'hôtel est beau).

También tienen una segunda forma masculina ante vocal o h muda:
mou / mol blando y fou / fol loco:
un amour fou / un fol amour un amor loco.

Adjetivos más simples

Los adjetivos sympa
simpático y chic chic
tienen solo 2 formas:
singular y plural.

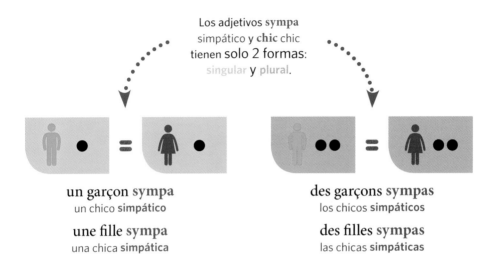

un garçon sympa
un chico simpático

une fille sympa
una chica simpática

des garçons sympas
los chicos simpáticos

des filles sympas
las chicas simpáticas

Unos pocos adjetivos
no cambian en absoluto.

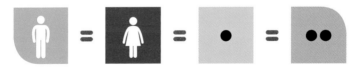

p. ej.: **bon marché** barato, **marron** marrón,
orange naranja, **super** estupendo

J'ai vu des jupes orange super !
¡He visto unas **faldas naranjas**
estupendas!

Todo de un vistazo

il est

beau / bonito	nouveau / nuevo	grand / grande	génial / genial	vieux / viejo
coquet / coqueto	naturel / natural		léger / ligero	neuf / nuevo
bon / bueno	gentil / amable		heureux / feliz	sympa / simpático
gros / grande	européen / europeo	jeune / joven	menteur / mentiroso	conservateur / conservador

elle est

belle	nouvelle	grande - / e	géniale - / e	vieille
coquette et / ette	naturelle el / elle		légère er / ère	neuve f / ve
bonne on / onne	gentille il / ille		heureuse eux / euse	sympa - / -
grosse os / osse	européenne en / enne	jeune e / e	menteuse eur / euse	conservatrice teur / trice

ils sont

beaux eau / eaux	nouveaux eau / eaux	grands - / s	géniaux al / aux	vieux x / x
coquets - / s	naturels - / s		légers - / s	neufs - / s
bons - / s	gentils - / s		heureux x / x	sympa - / s
gros s / s	européens - / s	jeunes - / s	menteurs - / s	conservateurs - / s

elles sont

belles	nouvelles	grandes - / s	géniales - / s	vieilles
coquettes - / s	naturelles - / s		légères - / s	neuves - / s
bonnes - / s	gentilles - / s		heureuses - / s	sympas - / s
grosses - / s	européennes - / s	jeunes - / s	menteuses - / s	conservatrices - / s

La comparación del adjetivo

El comparativo

El comparativo se forma con los conceptos más simples de las
matemáticas, o sea:

plus,	**moins**	**aussi**
más	menos	igual / tan

antes del adjetivo y **que** que después del adjetivo.

> ¡Como siempre!
> El adjetivo concuerda en
> género y número con el
> sustantivo
> al que se refiere.

Il est
Él es

plus
más

aussi
igual de /
tan

moins
menos

généreux
generoso

que
que / como

son voisin.
su vecino.

Los adjetivos
bon bueno y
mauvais malo son
irregulares:

le / la pire
el/la peor

le / la meilleur(e)
el/la mejor

meilleur(e)
mejor

bon / bonne
bueno/-a

pire
peor

mauvais(e)
malo/-a

El superlativo

El superlativo se forma colocando
le/la/les plus el/la/los/las más o
le/la/les moins el/la/los/las menos
delante del adjetivo y conectando la palabra de
referencia con la preposición **de**.

> ¡Más de lo mismo!
> El adjetivo concuerda
> en género y número
> con el sustantivo
> al que se refiere.

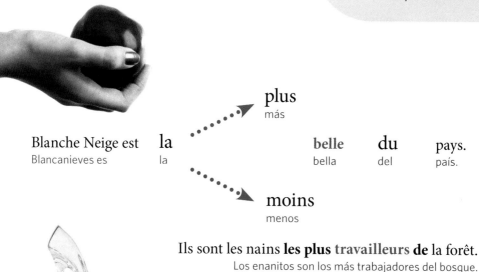

plus
más

Blanche Neige est **la**
Blancanieves es   la   **belle**   **du**   pays.
                                                          bella   del   país.

moins
menos

Ils sont les nains **les plus travailleurs de** la forêt.
Los enanitos son los más trabajadores del bosque.

Le chat botté est **le plus malin des** chats.
Le chat botté est le chat **le plus malin**.
El gato con botas es el más astuto de los gatos.

Cendrillon est **la moins aimée** (**des** trois sœurs).
Cenicienta es la menos querida (de las tres hermanas).

> En el superlativo,
> los adjetivos
> cortos y de uso
> frecuente
> también pueden
> aparecer delante del
> sustantivo.

Le petit poucet est **le plus petit** garçon **de** la famille.
Pulgarcito es el niño más pequeño de la familia.

Formación de los adjetivos – El opuesto

Las partículas **in-** y **mal-** sirven para convertir una palabra en su opuesto.

compréhensible
comprensible

incompréhensible
incomprensible

heureux
feliz

malheureux
triste

Aprende siempre también la forma del femenino. De ella se puede deducir la grafía del masculino. (La terminación del masculino generalmente es muda y, por eso, más difícil de aprender). Así, por ejemplo, el sonido de **petite** [pətit] revela que la forma masculina termina en t: › petit [pəti].

4 El adverbio

¿**Qué** son los adverbios?

¿**Para qué** los necesito?

¿**Cómo** se forman?

Con el **adverbio** puedes **completar**
y **precisar** verbos, adjetivos, otros
adverbios o frases enteras.

Los adverbios

... completar un verbo,

Elle surfe beaucoup.
Ella surfea mucho.

... completar un adjetivo,

C'est un très bon restaurant.
Es un restaurante muy bueno.

Los adverbios **no** concuerdan con
otras palabras, ¡son **invariables**!

pueden...

... completar a otro adverbio,

Il dort toujours longtemps.
Él duerme siempre mucho tiempo.

... o completar a toda una frase.

Demain, je mets ma robe rouge.
Mañana me pongo el vestido rojo.

Je mets ma robe rouge demain.
Me pongo el vestido rojo mañana.

51

Las formas del adverbio

Los adverbios que no derivan de un adjetivo se llaman **adverbios simples**.

Los adverbios precisan las circunstancias, ya que responden a preguntas como ¿dónde?, ¿cuándo?, ¿cómo? y ¿cuánto?

Pas de souci, nous sommes **là**.
No hay problema, estamos ahí.

J'attends **souvent longtemps**.
A menudo espero mucho tiempo.

	Adverbios de **lugar**	
¿dónde?	ici	aquí, ahí
	là	allí / allá

	Adverbios de **tiempo determinado**	
¿cuándo?	maintenant	ahora
	aujourd'hui	hoy
	demain	mañana
	hier	ayer

	Adverbios de **tiempo indeterminado**	
	avant	antes
	après	después
	tôt	pronto
	tard	tarde
	déjà	ya
	encore	todavía
	longtemps	largo tiempo
	souvent	a menudo
	toujours	siempre
	jamais	nunca

¿cómo?	Adverbios de **modo**	
	bien	bien
	mal	mal
	mieux	mejor
	vite	deprisa
	ensemble	a la vez / juntos

Ils dansent bien ensemble.
Ellos bailan bien juntos.

Un peu plus ...
Un poco más...

¿cuánto?	Adverbios de **cantidad**	
	peu	poco
	beaucoup	mucho
	plus	más
	moins	menos
	assez	bastante
	trop	demasiado
	très	muy / mucho

Formación del adverbio

La mayoría de los adverbios derivan de **adjetivos**. Se les llama **adverbios derivados**.

Cuando el masculino del adjetivo termina en **-e**, simplemente se le añade **-ment** al adjetivo.

terrible / terrible   terrible**ment**

Cuando acaba en **consonante**, se le añade **-ment** al **femenino**. (Ya que este termina siempre en **-e**; así pues, el adverbio acaba en **-ement**.)

fort / forte   forte**ment**

Cuando el masculino acaba en **vocal sonora**, se añade **-ment** al **masculino**.

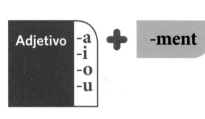

vrai / vraie   vrai**ment**
joli / jolie   joli**ment**
absolu / absolue   absolu**ment**

Pocas **excepciones** se **derivan** de la forma **femenina**:
gai / gaie ❯ gaiement
nouveau / nouvelle ❯ nouvellement
fou / folle ❯ follement

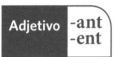

En adjetivos que acaban en -ant o -ent, se sustituye la terminación -nt del adjetivo por -mment.

élégant / élégante
évident / évidente

élégamment
évidemment

Existen algunas formas irregulares. Por ejemplo:

précis / précise — précisément
énorme / énorme — énormément
gentil / gentille — gentiment
bref / brève — brièvement
bon / bonne — bien
meilleur / meilleure — mieux
mauvais / mauvaise — mal

La diferencia entre **adjetivo** y adverbio:

Un adverbio complementa...

> ... a un verbo
Il est habillé élégamment ce soir.
Él **está vestido** elegantemente esta noche

> ... a un adjetivo
Elle est vraiment **belle**.
Ella es verdaderamente **bonita**.

> ... a otro adverbio
Il va beaucoup mieux.
Él va mucho mejor.

> ... a una frase entera.
Heureusement, nous sommes rentrés avant l'orage.
Afortunadamente, **volvimos antes de la tormenta**.

Un **adjetivo** describe a un sustantivo, por ejemplo:
C'est un **homme** élégant.
Es un **hombre** elegante. >
(élégant califica a **homme**.)

La posición del adverbio

El adverbio funciona como una pieza de puzle.
Para su colocación es decisivo en general ver a
qué palabra (o palabras) **complementa**.

El adverbio puede
afectar a toda una
oración:

Los adverbios que
modifican a toda
una oración pueden
desplazarse y suelen
estar al principio o al
final de la frase.

Aujourd'hui, il fait beau.
Hoy hace buen tiempo.

Il fait beau aujourd'hui.
Hace buen tiempo hoy.

Después de un
adverbio de oración
situado al principio
de la frase se escribe
una coma.

El adverbio puede referirse a una palabra determinada:
a un verbo, a un adjetivo o a otro adverbio:

Si el adverbio
complementa a un
adjetivo o a otro
adverbio, se coloca
delante del adjetivo
o del otro adverbio.

Elle est très rapide.
Ella es muy rápida.

Elle est réellement très rapide.
Ella es realmente muy rápida.

Cuando el adverbio **complementa** a un verbo, se coloca generalmente **después** del verbo al que se refiere.

Il **roule** prudemment.
El **conduce** prudentemente.

Nous avons **roulé** longtemps.   Participio
Hemos conducido mucho tiempo.   perfecto

Nous aimons **rouler** souvent.   Infinitivo
Nos gusta **conducir** frecuentemente.

Del mismo modo, en tiempos compuestos y en construcciones con infinitivo, la mayoría de los adverbios derivados, así como **tôt**, **tard**, **ensemble**, **plus**, **après** y **avant** se colocan en general detrás del participio perfecto (participe passé) o detrás del infinitivo.

En tiempos compuestos, el adverbio puede estar delante del participio perfecto (participe passé),), y en las construcciones de infinitivo delante del infinitivo, por ejemplo con: **déjà**, **encore**, **bien**, **mal**, **beaucoup**, **très**, **jamais** y **toujours**.

No obstante, con frecuencia se puede colocar en ambas posiciones, por ejemplo con:
longtemps, **souvent**, **moins**, **peu**, **assez**, **beaucoup**, **trop**, **mieux** y **vite**.

Le film **commence** déjà. /
Le film a déjà **commencé**.
La película comienza ya. /
La película ya ha comenzado.

Elle **voyage** toujours. /
Elle veut toujours **voyager**.
Ella viaja siempre. /
Ella siempre quiere viajar.

Il a beaucoup **parlé** ce soir.
≈ Il a **parlé** beaucoup ce soir.
Él ha hablado mucho esta tarde.

En el caso de muchos verbos el adverbio complementa al verbo que va detrás.

J'aime beaucoup lire.
Me gusta mucho leer.

J'aime **lire** beaucoup.
Me gusta leer mucho.

La comparación del adverbio

El adverbio se compara exactamente como el adjetivo.

El comparativo se forma con **plus... que** o bien **moins... que**, y el de igualdad con **aussi... que**.

Il roule
Él conduce

plus
más

aussi
tan

moins
menos

vite
deprisa

que
que / como

son collègue.
su colega.

El superlativo se forma con **le plus...** (de) o bien **le moins...** (de).

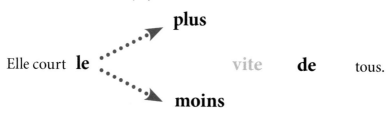

Elle court **le**

plus

vite **de** tous.

moins

Ella es **la** que corre **más / menos** deprisa de todos.

Los grados de los adjetivos **bien,
beaucoup** y **peu** se forman
de modo irregular.

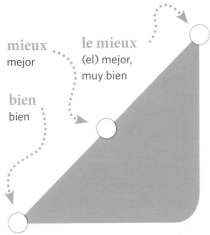

Je danse mieux que lui.
Yo bailo mejor que él.

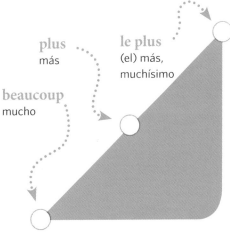

Le petit bébé dort le plus.
El bebé duerme muchísimo.

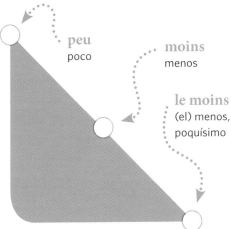

Il mange moins que moi.
Él come menos que yo.

A diferencia del español, en francés
no hay diferencia entre el superlativo
relativo y el superlativo absoluto: **le/
la/les plus** o **le/la/les moins.**

5   Los determinantes

¿Qué son los
determinantes?

¿Qué formas tengo
que conocer?

¿Para qué los
necesito?

Los determinantes acompañan...

Sustantivo

En la oración el **determinante** va siempre **delante del sustantivo**.

Determinante

Mon maître m'adore !
Mi maestro me adora!

... y determinan al sustantivo.

Por el **determinante** e reconoce al sustantivo.

Ce maître me rend fou. Il n'est pas comme **ton maître** !
Este maestro me vuelve loco. ¡No es como **tu** maestro!

Aparte del artículo determinado o indeterminado hay otros
determinantes del sustantivo:

mon, ma...

Determinante posesivo

Expresa relación de posesión
con el sustantivo.

ce, cette...

Determinante demostrativo

Presenta o señala al sustantivo.

quelques, chaque...

Determinante indefinido

Determina la cantidad
del sustantivo.

El determinante posesivo

... responde a la pregunta ¿de quién?

El determinante posesivo se rige solo por
el género y el número de lo poseído.

Mon frère et **ma** sœur vont chez **mes** amis.
Mi hermano y **mi** hermana van a casa de **mis** amigos.

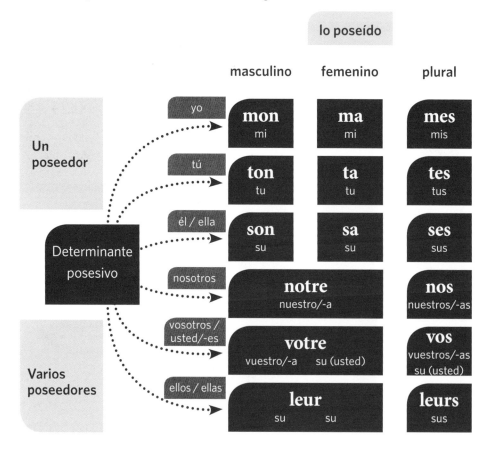

Notre frère et **vos** sœurs vont chez **leurs** amis.
Nuestro hermano y **vuestras** hermanas van a casa de **sus** amigos.

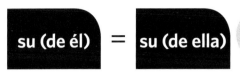

su (de él) = **su (de ella)**

¡Así de sencillo, solo **son** y **sa**!

son couteau
sa fourchette
su cuchillo
su tenedor

son couteau
sa fourchette
su cuchillo
su tenedor

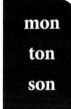

mon

ton

son

delante de
vocal o h
muda

¡Atención!
Delante de un sustantivo
femenino que comience por vocal
o h muda se usa el singular
mon / ton / son
(no **ma / ta / sa**).

(un ami)
mon ami
ton ami
son ami
mi / tu / su
amigo

(une amie)
mon amie
ton amie
son amie
mi / tu / su
amiga

C'est **mon** histoire, avec **ton** idée et **son** imagination.
(**une** histoire, **une** idée, **une** imagination)
Esta es **mi** historia, con **tu** idea y **su** imaginación.

El determinante demostrativo

... responde a la pregunta ¿quién / cuál?

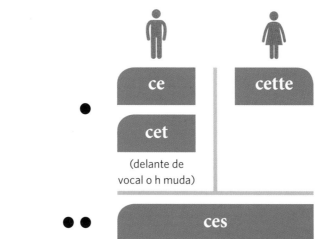

Ce paysage, cet orage, cette musique…
Ces souvenirs sont merveilleux !
Este paisaje, esta tormenta, esta música…
¡Estos recuerdos son maravillosos!

¡Atención!
Delante de un sustantivo masculino que empiece por vocal o h muda, el singular es **cet** (no **ce**).

cet œil
este ojo

Con las partes del día se utiliza el determinante demostrativo
> **ce matin** esta mañana.

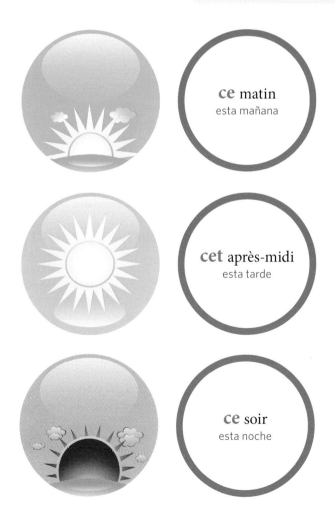

ce matin
esta mañana

cet après-midi
esta tarde

ce soir
esta noche

El determinante indefinido
...describe la pluralidad con más precisión.

chaque
cada

Chaque minute compte.
Cada minuto cuenta.

Chaque
es invariable.

plusieurs
varios/-as

Je t'ai appelé **plusieurs** fois.
Te he llamado **varias** veces.

Plusieurs es
invariable.

aucun
ningún / ninguno

aucune
ninguna

Aucun / aucune siempre
se usan con una negación
y sustituyen a **pas**.

Después de una negación se usa **ni**
para decir **ni (tampoco)**.

Nous **n'**avons **aucun** problème **ni**
aucune question.
No tenemos ningún problema **ni**
(tampoco) ninguna pregunta.

Quelque en singular solo se utiliza en la
expresión quelque part algún lugar o en
textos literarios. Por ejemplo:
Il me faut quelque temps
pour finir ce livre.
Necesito algún tiempo
para acabar este libro.

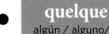
quelque
algún / alguno/-a

quelques
unos / algunos/-as

Je vais **quelques** jours à New York.
Yo voy **unos** días a New York.

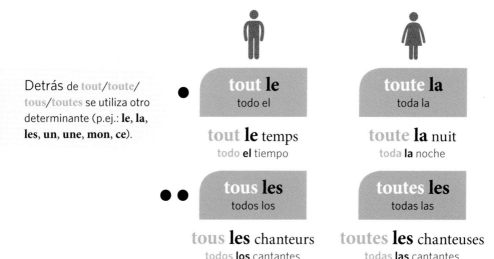

Detrás de tout/toute/ tous/toutes se utiliza otro determinante (p.ej.: **le, la, les, un, une, mon, ce**).

tout le
todo el

tout le temps
todo **el** tiempo

toute la
toda la

toute la nuit
toda **la** noche

tous les
todos los

tous les chanteurs
todos **los** cantantes

toutes les
todas las

toutes les chanteuses
todas **las** cantantes

Elle a chanté toute sa vie.
Ella ha cantado toda su vida.

Toutes ces pommes sont pourries.
Todas estas manzanas están podridas.

Detrás de tout / toute / tous / toutes el determinante puede ser tanto un artículo como un **determinante posesivo** o un **determinante demostrativo**.

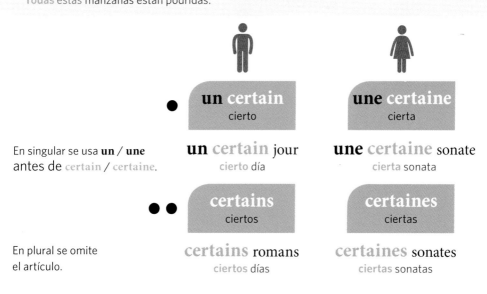

En singular se usa **un / une** antes de certain / certaine.

un certain
cierto

un certain jour
cierto día

une certaine
cierta

une certaine sonate
cierta sonata

En plural se omite el artículo.

certains
ciertos

certains romans
ciertos días

certaines
ciertas

certaines sonates
ciertas sonatas

Certains jours, je préfère certaines musiques.
Ciertos / algunos días prefiero cierta música.

6 El pronombre

¿**Qué** son los pronombres?

¿**Para qué** los uso?

¿**Cómo** los uso correctamente?

C'était **lui** !

¡Ha sido él!

Los pronombres son sustitutos

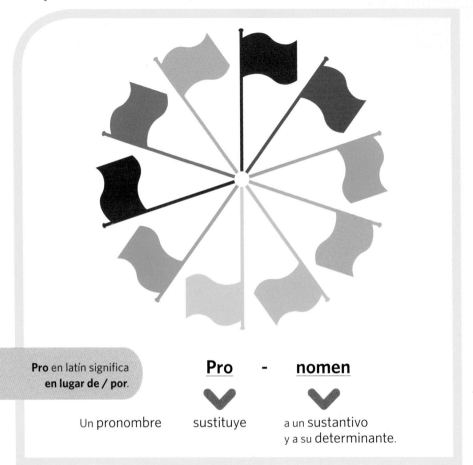

Pro en latín significa **en lugar de / por**.

Pro - nomen

Un pronombre   sustituye   a un sustantivo y a su determinante.

---

2 en 1

<u>**Les filles**</u> dorment. Las niñas duermen.

<u>**Elles**</u> dorment. **Ellas** duermen.

También puede reemplazar a una oración completa:

Je vois <u>**une petite voiture rouge qui roule très vite dans la neige.**</u>

Je **<u>la</u>** vois.

Yo veo un pequeño coche rojo que corre muy veloz en la nieve.
Yo **lo** veo.

11 en 1

Pronombres personales

pronombres personales de sujeto

pronombres personales tónicos

pronombres reflexivos

pronombres de objeto directo

pronombres de objeto indirecto

Pronombres adverbiales

y   sustituye a una localización con **à**

en   sustituye a un complemento con **de**

Los **pronombres posesivos, demostrativos** e indefinidos se forman a partir de los determinantes correspondientes y sustituyen a un:

determinante posesivo + sustantivo

determinante demostrativo + sustantivo

determinante indefinido + sustantivo

Pronombres personales sujeto

En francés **siempre** compañan al verbo (a diferencia de los **pronombres personales tónicos**).

PPS

¡Presta atención al sonido!

Delante de una **vocal** o de una **h muda**, **je** se convierte en **j'**.

J'arrive !
¡Voy!

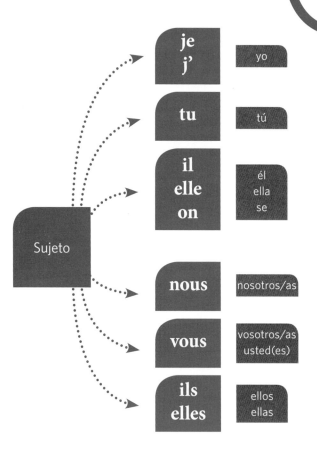

je / **j'**	yo
tu	tú
il / **elle** / **on**	él / ella / se
nous	nosotros/as
vous	vosotros/as / usted(es)
ils / **elles**	ellos / ellas

Sujeto

Le chat dort.

Il dort.

El gato duerme.
Él duerme.

Les filles chantent.

Elles chantent.

Las niñas cantan.
Ellas cantan.

Uso del pronombre personal sujeto

Este pronombre va delante de...

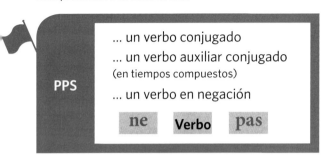

PPS

... un verbo conjugado
... un verbo auxiliar conjugado
(en tiempos compuestos)
... un verbo en negación

ne Verbo pas

Elle a sommeil.
Ella tiene sueño.

Il ne rit pas.
Él no se ríe.

on ≈

alguien
(sujeto desconocido)
nosotros
(lenguaje coloquial)
la gente
(sujeto genérico)
estructura de **se**
impersonal

On va a Paris !
¡Vamos a París!

On dit que…
Dicen que… / Se dice que…

El pronombre personal **on** va siempre acompañado de un verbo en 3.ª persona de singular. No tiene equivalente exacto en español.

La fórmula de cortesía para usted / ustedes se forma con **vous**.

usted /ustedes = **vous**

Que désirez-**vous**, Monsieur Bibard ?
¿Qué desea usted, señor Bibard?

En plural hay **2** géneros (como en español).

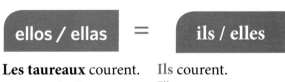

ellos / ellas = **ils / elles**

Les taureaux courent.
Los toros corren.
Ils courent.
Ellos corren.

Les gazelles courent.
Las gacelas corren.
Elles courent.
Ellas corren.

El plural masculino:
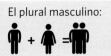

il + **elle** = **ils**

L'homme et la femme rient.
El hombre y la mujer ríen.
Ils rient.
Ellos ríen.

Pronombres personales tónicos

Un truco para los que saben inglés: moi = me.

PPT

Estos pronombres van por libre, **no están relacionados** con un verbo. (A diferencia de los **pronombres personales sujeto**)

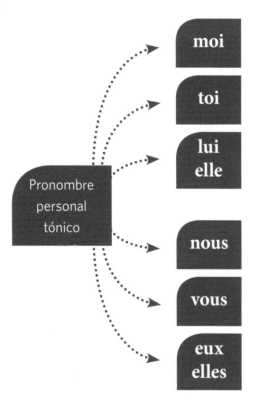

moi

toi

lui
elle

Pronombre personal tónico

nous

vous

eux
elles

TOI + MOI

Toi et moi pour toujours…
Tú y yo para siempre…

Los pronombres personales tónicos **nous, vous, elle** y **elles** son iguales que los **pronombres personales sujeto**.

On va au cinéma avec **lui**, avec **elle** ou sans **eux** ?
¿Vamos al cine con **él**, con **ella** o sin **ellos**?

Uso del pronombre personal tónico

Posición: delante de...

PPT — ... un **pronombre personal sujeto**

Para enfatizar en el sujeto.

Eux, ils ne mangent pas de viande.
(**Ellos**,) **ellos** no comen carne.

PPT — ... el **pronombre relativo qui**

Moi qui aime tant les voyages, je...
Yo, que tanto amo los viajes, (**yo**)...

Qui veut du chocolat ?
¿Quién quiere chocolate?

PPT

Moi !
¡Yo!

C'est un cadeau de **lui** pour **eux**.
Es un regalo de **él** para **ellos**.

Posición: detrás de...

... una **preposición**   PPT

Madame Bovary, c'est **moi**.
Madame Bovary soy **yo**.

**c'est
ce sont**   PPT

Attends-**moi** !
¡Escúchame!

Donnez-**moi** ce livre, s'il vous plaît !
Dame ese libro, por favor.

Amuse-**toi** bien !
¡Diviértete mucho!

Imperativo afirmativo
en la 1.ª y 2.ª persona del singular   PPT

77

Pronombres de objeto directo

... sustituyen:

a un objeto directo sin ninguna preposición delante del sustantivo:

Je donne le cadeau à Alice.
> le cadeau es objeto directo
> Je **le** donne à Alice.

POD

¡Sencillo!
Con **me**, **te**, **nous**, **vous** los pronombres directos, indirectos y reflexivos tienen la misma forma.

¡Atención!
Ante una vocal o una h muda **me**, **te**, **le**, **la** se transforman en **m'**, **t'**, **l'**.

Il **l'**aime.
Él la quiere.

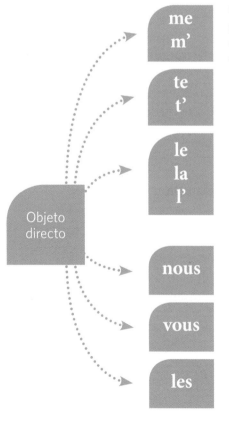

me
m'

Concuerdan en género y número con el sustantivo al que sustituyen.

te
t'

¡Atención! Solo la 3.ª persona del singular y del plural tienen forma propia.

le
la
l'

Objeto directo

nous

vous

les

Tu fais **ta valise**.

Tu **la** fais.
Tú haces tu maleta.
Tú la haces.

Nous achetons **ces fleurs**.

Nous **les** achetons.
Nosotros compramos estas flores.
Nosotros las compramos.

La posición del pronombre objeto directo en la oración

Un POD se coloca delante de...

POD

... un verbo conjugado
... un verbo auxiliar conjugado
(en tiempos compuestos)

Elle le **regarde**.
Ella le mira.

Il l'**a écrit**.
Él le ha escrito.

POD

... un infinitivo
(en verbos a los que sigue un
infinitivo)

Ces voyages, ils vont les **apprécier**.
Esos viajes les van a gustar.

La **negación** se compone de

ne POD el verbo conjugado **pas**

Elle ne le **savait** pas.
Ella **no** lo sabía.

Un POD se coloca, unido con un guion,
directamente detrás del...

imperativo- POD

Embrasse-la !
Dale (a ella) un beso.

un, une, des >

¡Atención!
Cuando un artículo indeterminado (**un,
une, des**) precede a un objeto directo,
se usa el adverbio pronominal en para
sustituir al objeto:

Je vois **des** nuages. Yo veo **unas** nubes.

J'en vois. Yo las veo.

Pronombres de objeto indirecto

... sustituyen:

a objetos indirectos, y se reconocen porque modifican el verbo y van precedidos por la preposición **à**.

 +
à + sustantivo

Los objetos indirectos son casi exclusivamente personas y animales.

POI

¡Fácil!
Con **me**, **te**, **nous**, **vous**, los pronombres personales directos, indirectos y reflexivos tienen la misma forma.

¡Presta atención!
Delante de una vocal o de una h muda, **me** y **te** se convierten en **m'** y **t'**.

Je t'écrirai un e-mail.
Te escribiré un e-mail.

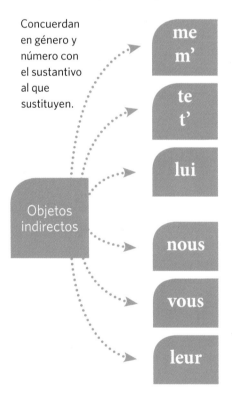

Concuerdan en género y número con el sustantivo al que sustituyen.

Objetos indirectos

me
m'

te
t'

lui

nous

vous

leur

Solo la **3.ª persona del singular y plural** tiene una **forma diferente, que se usa para objetos indirectos tanto masculinos como femeninos.** Las otras formas coinciden con los pronombres de objeto indirecto.

Je parle **à nos voisins** / **à nos voisines**.

Je **leur** parle.
Yo hablo a nuestros vecinos / nuestras vecinas.
Yo **les** hablo.

Je donne mon adresse **à Marie** / **à Paul**.

Je **lui** donne mon adresse.
Yo doy mi dirección a Marie / a Paul.
Yo **le** doy mi dirección.

La posición de los pronombres de objeto indirecto **en la frase**

Est-ce que tu le dis **à Marie** ? - ¿Se lo dices Marie?

Los POI van delante de...

POI	... un verbo conjugado ... un verbo auxiliar conjugado (en tiempos compuestos)

Oui, je lui **téléphone** bientôt.
Sí, yo la llamo pronto.

Je lui **ai** déjà parlé hier.
Ya hablé con ella ayer.

POI	... un infinitivo (en verbos a los que sigue un infinitivo)

Je vais lui **écrire**.
Voy a escribirle.

La **negación** se compone de

ne	POI	el verbo conjugado	**pas**

Non, je **ne** lui **parle** pas.
No, **no** hablo con ella.

Un POI se coloca directamente
detrás con un guion

imperativo-	POI

Donne-lui la main !
Dale la mano.

de	>

¡Atención!
Si el objeto indirecto se encuentra detrás de
la preposición **de**, el objeto se sustituye por el
pronombre personal tónico.

Je parle **de** ma mère. (Hablo de mi madre).
Je parle **d'elle** / **de** toi / **d'eux**. (Hablo de ella / de ti /
de ellos.)

Pronombres reflexivos

RP

¡Fácil!
Funciona como en español
(**je me** yo me).

Pero algunos verbos no coinciden en
español, por ejemplo:

**je me suis reposé
tout le dimanche.**
Descansé todo el domingo.

Con **me, te, nous, vous**, los
pronombres personales **directos**,
indirectos y **reflexivos** tienen la
misma forma.

Están relacionados con
el sujeto de la oración.

Solo la 3.ª persona del
singular y plural tiene
una forma diferente.

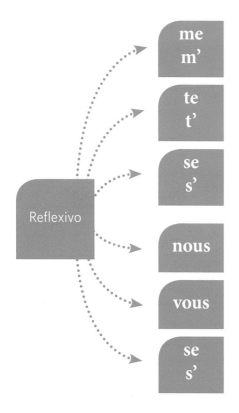

Reflexivo

**me
m'**

**te
t'**

**se
s'**

nous

vous

**se
s'**

¡Presta atención al sonido!
Delante de una vocal
o de una h muda, **me, te, se**
se convierten en **m', t', s'**.

Je m'ennuie.
Yo me aburro.

La posición de los pronombres reflexivos en la frase

Est-ce que vous **vous** préparez ? ¿Os estáis preparando?

Los **PR** van delante de...

PR	... un verbo conjugado ... un verbo auxiliar conjugado (en tiempos compuestos)

Oui, je me **lave**.
Sí, yo me lavo.

Il s'**est** déjà rasé.
Él ya se ha afeitado.

PR	... un infinitivo (en verbos a los que sigue un infinitivo)

Elle va s'habiller.
Ella se va a vestir.

La **negación** se compone de

ne	PR	el verbo conjugado	pas

Non, ils **ne** se **douchent** pas.
No, ellos **no** se duchan.

¡Lógico!
En el imperativo, los pronombres reflexivos cambian
porque la persona es diferente.

Je me dépêche.
Yo me doy prisa.

Dépêche-**toi** !
¡Da**te** prisa!

En el imperativo se utiliza
el **pronombre personal
tónico.**

Ils s'**embrassent**.
Ellos se besan.
(reflexivo, el uno al otro)

A menudo, los pronombres se
pueden deducir fácilmente del
contexto.

Il les embrasse.
Él los besa.
(objeto directo)

El pronombre adverbial y

y reemplaza a:

complementos de lugar
introducidos por

à

dans

en + sustantivo

chez

sur

etc.

Y se traduce
generalmente por allí /
ahí.

Elle va **sur le toit**.

Elle y va.
Ella va al tejado.
Ella va allí.

Complementos con **à**
+ sustantivos que no designan a
personas

à + sustantivos que no
designan a personas

Je <u>pense à</u> Noël.

J'y pense.
Pienso en la Navidad.
Pienso en ella.

¡Presta atención!

Y, por ejemplo, no sustituye al sustantivo en
Je pense à Pierre. Je pense à lui.
Pienso en Pierre. > el sustantivo designa a
una persona, de modo que el complemento
no se sustituye por **y** (aunque comience por
à)

J'aimerais aller **en Italie**.

J'aimerais y aller.

Me gustaría ir a Italia.
Me gustaría ir allí.

La posición de y en la frase

Est-ce que tu habites à Paris ?	¿Vives en París?
... **dans** un quartier intéressant ?	¿... en un barrio interesante?
... **sur** un bateau ?	¿... en un barco?

y va delante de...

| y | ... un verbo conjugado
... un verbo auxiliar conjugado
(en tiempos compuestos) |

Oui, j'y **habite**.
Sí, vivo allí.

J'y **ai** habité l'année dernière.
Viví allí el año pasado.

| y | ... un infinitivo
(en verbos a los que sigue un
infinitivo) |

Je vais y **habiter**.
Voy a vivir allí.

La **negación** se compone de

| n' | y | el verbo conjugado | pas |

Non, je n'y **habite** pas.
No, **no** vivo allí.

(Cuando **ne** va delante de **y**, se convierte en **n'**)

y se coloca directamente detrás con un guion

| imperativo- | y |

Dors-y !
Duerme allí.

> ¡Atención!
> Cuando el imperativo acaba en **-e**,
> se le añade una **-s** para facilitar la
> pronunciación (es decir, en imperativo
> singular para los verbos acabados en **-er**).

Monte à l'échelle ! > Montes-y !
¡Sube la escalera! > ¡Súbela!

| Expresiones fijas
con **y**: | Ça y est.
Je n'y suis pour rien.
Vas-y ! / Allons-y ! / Allez-y ! | Ya está. / Eso es todo.
No tengo nada que ver con eso.
Ve. / Vamos. / Adelante. |

El pronombre adverbial en

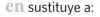 sustituye a:

sustantivos
precedidos por:

de
du
de la	**+** Sustantivo
de l'
des

En a veces se traduce
en español por lo.

Il mange **du** pain. ❯ Il en mange.

Él come pan. ❯ Él lo come.

un artículo indefinido / número +
sustantivo

❯ Complementos con artículo indefinido
(**un**, **une**, **des**) o cantidades

- Tu veux <u>**une** robe rouge</u> à fleurs ?

❯

- Oui, j'en voudrais **une**.
- ¿Quieres un vestido rojo de flores?
- Sí, quiero uno.

Cuando en sustituye a un sustantivo
precedido de un/une o un numeral,
entonces un/une o el numeral se
retoma en la siguiente oración.

Combien voulez-vous
<u>**de** pommes</u> ?

❯

J'en voudrais **6**, s'il vous plaît.
¿Cuántas manzanas quieres?
Quiero seis, por favor.

La posición de en en la frase

Est-ce que tu achètes **du** pain ?   ¿Compas pan?
... **de la** confiture ?   ¿... mermelada?
... **des** fruits ?   ¿... fruta?

en va delante de...

| en | ... un verbo conjugado
... un verbo auxiliar conjugado
(en tiempos compuestos) |

Oui, j'en **prends**.
Sí, lo cojo.

J'en **ai** pris hier.
Lo compré ayer.

| en | ... un infinitivo
(en verbos a los que sigue un infinitivo) |

Oui, je vais en **acheter**.
Sí, lo voy a comprar.

La **negación** se compone de

| **n'** | **en** | el verbo conjugado | **pas** |

Non, je n'en veux **pas**.
No, **no** lo quiero.

(Delante de **en**, ne se transforma en **n'**)

en se coloca directamente detrás con un guion:

| imperativo- | | en |

Prends-en !
¡Cógelo!

¡Atención!
Cuando el imperativo acaba en **-e**, se le **añade** una **-s** para facilitar la pronunciación (es decir, en imperativo singular para los verbos acabados en **-er**).

Mange des fruits !
Manges-en !
¡Come fruta! ¡Cómela!

Tu m'en veux ?   ¿Estás enfadado/-a conmigo?
Je n'en peux plus.   No puedo más.
J'en ai assez.   Estoy harto/-a.
Va-t'en !   ¡Vete!

Expresiones fijas con en:

La posición en la frase cuando hay
varios pronombres im Satz

Cuando hay varios pronombres en una
frase, siguen este orden:

je tu il/elle nous vous ils/elles	me te se nous vous	le la les	lui leur	y	en

Para seguir el orden, recuerda:
¡el burro en francés hace

y - en!

- Maman, **tu** me racontes l'histoire ?
- Mamá, ¿(**tú**) me cuentas el cuento?

- Oui, **je** te la raconte tout de suite.
- Sí, (**yo**) te lo cuento.

- **Tu** l'amènes **à la gare**, s'il te plaît ?
- ¿(**Tú**) lo llevas a la estación, por favor?

- Oui, **je** l'y amène.
- Sí, **yo** lo llevo (allí).

- **Vous** vous achetez **des fleurs** ?
- ¿**Vosotros** os compráis flores?

- Oui, **nous** nous en achetons.
- Sí, **nosotros** nos las compramos.

- A-t-**elle** donné ce livre à Valérie ?
- ¿Le ha dado **ella** ese libro a Valérie?

- Oui, **elle** le lui a donné.
- Sí, **ella** se lo ha dado.

- **Ils** ont mis mes meubles à la cave ?
- ¿(**Ellos**) pusieron mis muebles en el sótano?

- Non, **ils ne** les y ont **pas** encore mis.
- No, **ellos no** los han puesto ahí todavía.

Est-ce qu'**il** leur a parlé **des vacances** ?
- ¿(**Él**) les ha hablado de las vacaciones?

- Non, **il** leur en parlera demain.
- No, **él** les hablará de ellas mañana.

- **Il** y a encore **du café** ?
- ¿Todavía hay café?

- Oui, **il** y en a encore.
- Sí, todavía hay un poco.

Pronombres posesivos

A partir de los **determinantes posesivos** se forman los **pronombres posesivos**

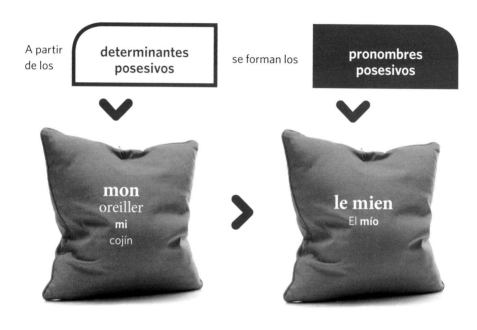

mon oreiller
mi cojín

>

le mien El mío

Notre château est plus beau que **le vôtre**.
Nuestro castillo es más bonito que **el vuestro**.

¡Ten cuidado con el acento circunflejo!

Los determinantes posesivos no llevan acento circunflejo: **notre** chat

Los pronombres posesivos sí llevan acento circunflejo: le **nôtre**

Pronunciación:
notre château
o = o abierta
le nôtre
ô = o cerrada

Al igual que el determinante posesivo, el pronombre posesivo depende del género y número de las posesiones.

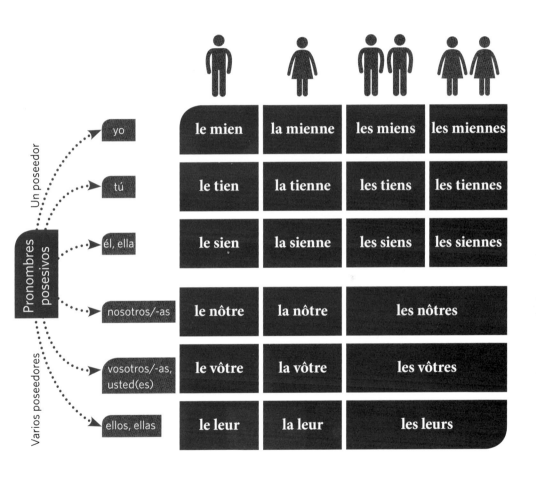

Tes idées m'intéressent plus que **les siennes**.

Tus ideas me interesan más que **las suyas**.

Pronombres demostrativos

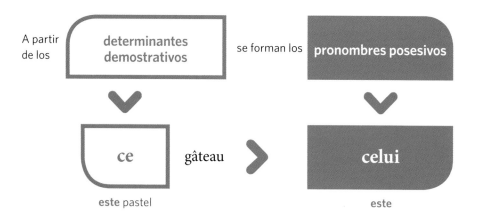

A partir de los **determinantes demostrativos** se forman los **pronombres posesivos**

ce gâteau > **celui**

este pastel

este

Je voudrais **ce** gâteau, s'il vous plaît.

Quisiera **este** pastel, por favor.

Je voudrais **celui-ci**, s'il vous plaît.

Quisiera **este**, por favor.

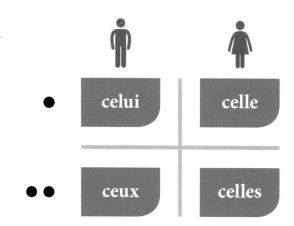

• **celui** **celle**

•• **ceux** **celles**

Van delante de...

las preposiciones **de** de o **pour** por:

Ce n'est pas le pull d'Hélena, c'est **celui de** Lucie.
Este no es el suéter de Hélena, **este** es el **de** Lucie.

Ce n'est pas le cadeau pour Lou, c'est **celui pour** Gabriel.
Este no es el regalo para Lou, **este** es el **de** Gabriel.

una **oración de relativo**,
que comienza por **qui, que, dont** o **où**:

Tu as pris toutes les BD ?
¿Has cogido todos los cómics?

(**BD** significa
bandes dessinées)

Non, j'ai pris seulement **celles qui** m'intéressent.
No, he cogido solo **aquellos que** me interesan.

-ci o **-là**

Al igual que **ici** aquí
y **là** allí,
ci indica **cercanía** y
là lejanía.

Tu préfères quel film ? **Celui-ci** ou **celui-là** ?
¿Qué película prefieres? ¿**Esta** o **aquella**?

Je préfère **celui-là**.
Yo prefiero **aquella**.

Pronombres indefinidos

Al igual que el determinante indefinido, los pronombres indefinidos describen una cantidad, pero:

Los **determinantes indefinidos**
acompañan a los **sustantivos**

Los **pronombres indefinidos**
sustituyen a los determinantes indefinidos + sustantivo

Algunos son invariables

Parmi ces vêtements,
Entre estas prendas,

Parmi ces voyages,
Entre estos viajes,

ningún/ninguno **aucun/aucune** ninguna

... **aucune robe** n'est neuve.
... ningún **vestido** es nuevo.

... aucun n'est possible aujourd'hui.
...ninguno es posible hoy.

plusieurs varios/-as

... j'emporte **plusieurs t-shirts**.
... llevo varias **camisetas**.

... plusieurs m'attirent.
... muchos me atraen.

certains/certaines alguno/-as

... **certaines chaussettes** sont trouées.
... algunos **calcetines** están agujereados.

... j'en préfère **certains**.
... prefiero **algunos**.

tout/s/es todo/-a/-os/-as

... **toutes mes chemises** me vont.
... todas mis **camisas** me sirven.

... tous m'intéressent.
... todos me interesan.

Algunos tienen diferentes formas:

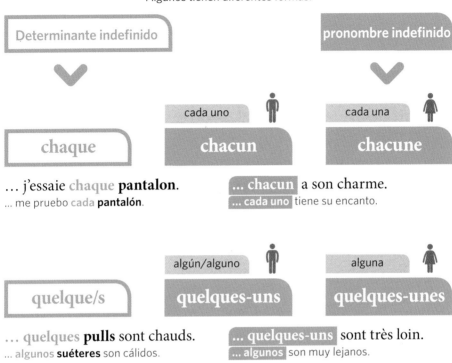

Determinante indefinido		pronombre indefinido	
	cada uno		cada una
chaque	**chacun**		**chacune**

… j'essaie chaque **pantalon**.
… me pruebo cada **pantalón**.

… chacun a son charme.
… cada uno tiene su encanto.

	algún/alguno		alguna
quelque/s	**quelques-uns**		**quelques-unes**

… quelques **pulls** sont chauds.
… algunos **suéteres** son cálidos.

… quelques-uns sont très loin.
… algunos son muy lejanos.

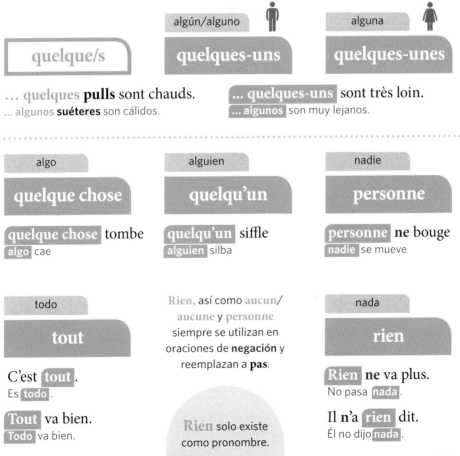

algo

quelque chose

quelque chose tombe
algo cae

alguien

quelqu'un

quelqu'un siffle
alguien silba

nadie

personne

personne ne bouge
nadie se mueve

todo

tout

C'est tout .
Es todo .

Tout va bien.
Todo va bien.

Rien, así como aucun/ aucune y personne siempre se utilizan en oraciones de **negación** y reemplazan a **pas**.

Rien solo existe como pronombre.

nada

rien

Rien ne va plus.
No pasa nada .

Il n'a rien dit.
Él no dijo nada .

7 La negación

¿**Cómo** se niega en francés?

¿**Qué** opciones tengo para negar?

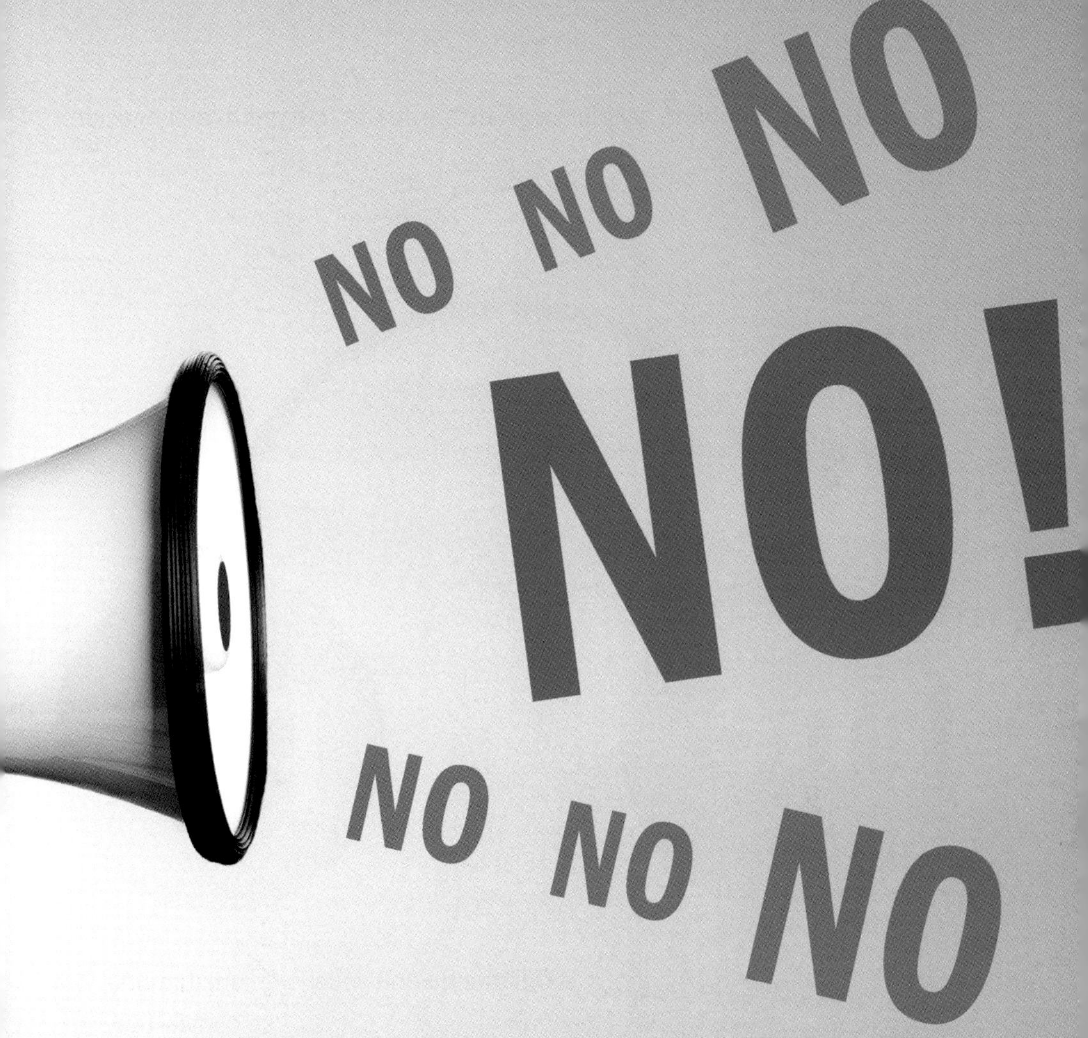
NO NO NO
NO!
NO NO NO

La negación se compone del elemento ne... y de otro elemento de negación.

Delante de una vocal o de una h muda, **ne** se convierte en **n'**.

Los elementos de negación encierran al verbo como si estuviera entre paréntesis:

Je ne sais pas.

No lo sé.

En el lenguaje hablado generalmente se omite **ne**:

« Je t'aime pas. »

«No te quiero».

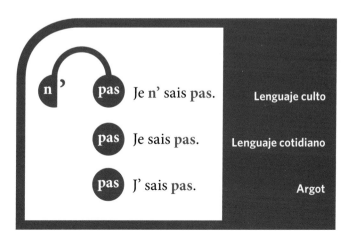

Je n' sais pas.	Lenguaje culto
Je sais pas.	Lenguaje cotidiano
J' sais pas.	Argot

Elementos de negación

ne
n'

Delante de una vocal o de una h muda, **ne** convierte en **n'**.

pas	no
plus	ya no
jamais	nunca
plus jamais	nunca más
rien	nada
plus rien	nada más
personne	nadie
plus personne	nadie más
pas encore	todavía no
pas toujours	no siempre
toujours pas	áun no
pas... du tout	no... en absoluto
pas... ni	no... ni
ni... ni	ni... ni

Il **ne** sait **pas** conduire.
Él no sabe conducir.

Il **n'**habite **plus** ici.
Él ya no vive aquí.

Il **n'**est **toujours pas** heureux.
Él todavía no es feliz.

Il **ne** va **jamais** au théâtre.
Él no va nunca al teatro.

Il **n'**a **pas toujours** envie de se lever.
Él aún no tiene ganas de levantarse.

Il **ne** mange **plus jamais** au restaurant.
Él no come nunca más en un restaurante.

Il **n'**aime **ni** sa femme **ni** son fils.
Él no quiere ni a su mujer ni a sus hijos.

Il **ne** lit **rien**.
Él no lee nada.

Il **ne** fait **plus rien**.
Él no hace nada más.

Il **ne** veut **ni** faire les courses **ni** manger.
Él no quiere ni hacer la compra ni comer.

Il **ne** voit **personne**.
Él no ve a nadie.

Il **ne** veut **pas** boire **ni** manger d'ailleurs !
¡Él no quiere beber ni comer en ningún otro sitio!

Il **ne** connaît **plus personne**.
Él no conoce a nadie más.

Il **ne** sait **pas encore** faire la cuisine.
Él aún no sabe cocinar.

Il **n'**est **pas** content **du tout**.
Él no está contento en absoluto.

101

La posición de los elementos de negación

Los **elementos de negación**
plus
rien
jamais
personne
etc.

encierran
al verbo conjugado.

ne — verbo conjugado — **pas**

Je **n'aime pas** les maths.
No me gustan las matemáticas.

Ne **travaillez pas** trop !
¡**No** trabajes mucho!

Esto también se aplica
a los imperativos, a las
construcciones con infinitivo
y a los tiempos compuestos.

Il **ne veut pas payer**.
Él **no** quiere pagar.

Infinitivo

Elles **n'ont pas vu** ce film.
Ellas **no** han visto la película.

Participio

ne — pronombre + verbo conjugado — **pas**

Si hay un pronombre
delante del verbo, la
negación **encierra al
grupo formado por el
pronombre y el verbo.**

Il **ne les a pas** aidées.
Él **no** les ha ayudado.

La negación **ne... personne** es una excepción
en construcciones con infinitivo y
en tiempos compuestos.

ne

Ne... personne encierra el
verbo conjugado y el infinitivo
o el participio.

personne

verbo conjugado + infinitivo

Il **ne veut rencontrer personne**.
Él no quiere conocer a **nadie**.

avoir / être + participio

Il **n'a invité personne**.
Él no ha invitado a **nadie**.

Cuando se niega en infinitivo,
ne y **pas** se colocan juntos.

 ne + **pas** + infinitivo

Prière de **ne pas** stationner /
Sortie de voitures
Por favor, **no** aparcar / Salida de vehículos

La negación y las cantidades

Cuando se quiere expresar que la cantidad es cero.

Entre la negación y el siguiente sustantivo se coloca **de**.

Antes de vocal o de h muda
de se convierte en **d'**.

du	café			café
de la	viande			viande
des	oranges	**>** pas	**de**	oranges
un	restaurant		**d'**	restaurant
une	école			école
des	hôtels			hôtels

Je n'ai	**pas de**	café.	**No** tengo café.
	jamais de	viande.	**Nunca** tengo carne.
	plus d'	oranges.	**Ya no** tengo **más** naranjas.

Près d'ici, il n'y a	**pas de**	restaurant.	Cerca de aquí **no** hay **ningún** restaurant
	toujours pas d'	école.	**todavía no** hay escuela.
	plus d'	hôtels.	**no** hay **más** hoteles.

Una excepción es la negación en relación con las cantidades en los verbos **être**, **aimer**, **adorer**, **détester**.

aimer

adorer

détester

pas

artículos determinados:

le, la, les

Aimer, **adorer**, **détester** llevan detrás un **artículo determinado**.

Je n'aime pas **les** serpents.

No me gustan las serpientes.

Je n'adore pas **le** fromage.

No me encanta el queso.

être

pas

artículos indefinidos:

un, une, des

Être lleva detrás un artículo indefinido.

Ce n'est pas un rat, c'est une souris.

No es una rata, es un ratón.

8 El verbo

¿**Qué** son los verbos y que
expresan en una oración?

¿**Qué** tipos de verbos hay en
francés?

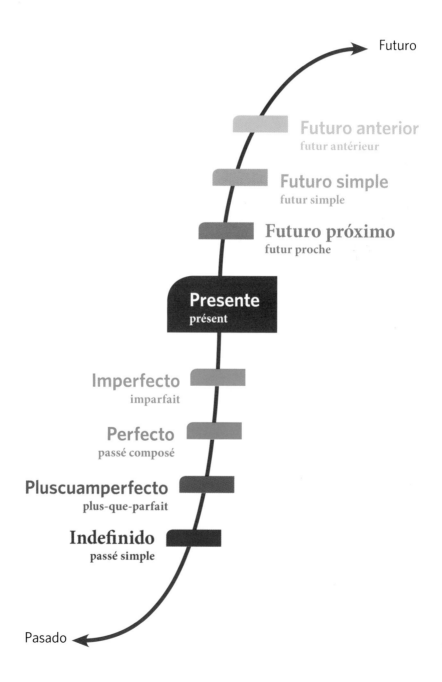

Futuro

Futuro anterior
futur antérieur

Futuro simple
futur simple

Futuro próximo
futur proche

Presente
présent

Imperfecto
imparfait

Perfecto
passé composé

Pluscuamperfecto
plus-que-parfait

Indefinido
passé simple

Pasado

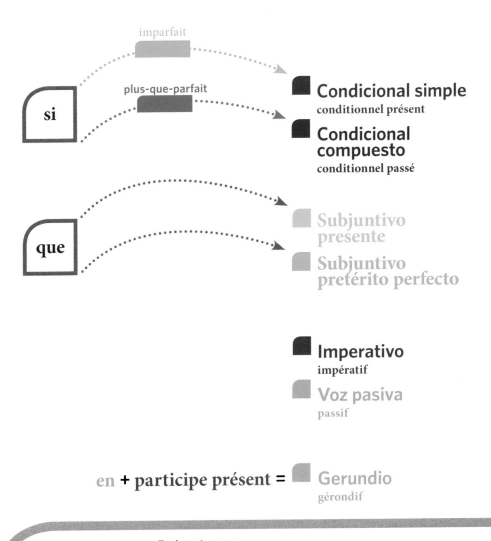

imparfait

plus-que-parfait

si

Condicional simple
conditionnel présent

Condicional compuesto
conditionnel passé

que

Subjuntivo presente

Subjuntivo pretérito perfecto

Imperativo
impératif

Voz pasiva
passif

en + participe présent = Gerundio
gérondif

En los tiempos:

passé composé
plus-que-parfait
futur antérieur   necesitas el   **Participio pasado**
conditionnel passé   participe passé
subjonctif passé

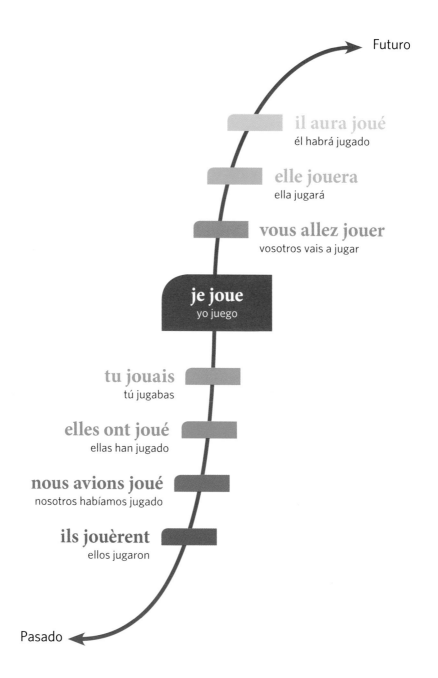

Futuro

il aura joué
él habrá jugado

elle jouera
ella jugará

vous allez jouer
vosotros vais a jugar

je joue
yo juego

tu jouais
tú jugabas

elles ont joué
ellas han jugado

nous avions joué
nosotros habíamos jugado

ils jouèrent
ellos jugaron

Pasado

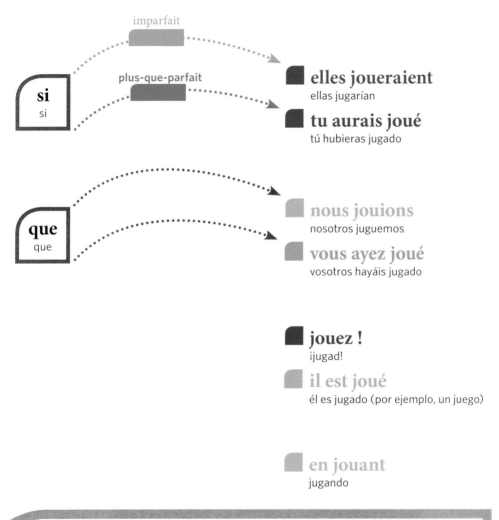

imparfait

plus-que-parfait

si
si

elles joueraient
ellas jugarían

tu aurais joué
tú hubieras jugado

que
que

nous jouions
nosotros juguemos

vous ayez joué
vosotros hayáis jugado

jouez !
¡jugad!

il est joué
él es jugado (por ejemplo, un juego)

en jouant
jugando

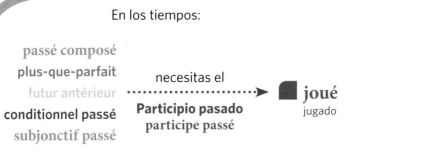

En los tiempos:

passé composé
plus-que-parfait
futur antérieur   necesitas el
conditionnel passé   ·············>   **joué**
subjonctif passé   **Participio pasado**   jugado
                        participe passé

El présent

Formación de los verbos acabados en -er en présent

¡Buenas noticias!
La mayoría de los verbos acabados en **-er** son regulares
y corresponden a alrededor del 90% de los verbos franceses.

parler hablar

		raíz	**terminación**
		parl	**er**
		habl	ar

Todos los verbos en **-er** er tienen las mismas terminaciones en presente: **-e, -es, -e, -ons, -ez, -ent**.

1	je	parl	**e**
2	tu	parl	**es**
3	il / elle / on	parl	**e**
1	nous	parl	**ons**
2	vous	parl	**ez**
3	ils / elles	parl	**ent**

¡Pronunciación fácil!
En el lenguaje hablado solo se escuchan las
terminaciones **-ons** y **-ez**.
Las terminaciones **-e**, **-es** y **-ent** son **mudas**.
La 1.ª, 2.ª y 3.ª persona del singular, así como la 3.ª persona
del plural, suenan igual y solo se oye la raíz.

En ce moment, En este momento, **ils jouent.** ellos juegan.

| | | Recordatorio del pronombre personal | | Comentarios: |

singular	1	yo	je / j'	Delante de vocal o de h muda, **je** se convierte en **j'**.
	2	tú	tu	
	3	él	il	
		ella	elle	
		se	on	> **on** = se: **On** dit que… Se dice que… **on** se usa a menudo como nosotros, por ejemplo: **On** mange. **Nosotros** comemos.
plural	1	nosotros	nous	
	2	vosotros/ usted	vous	La forma de cortesía **usted** se forma con **vous**.
	3	ellos	ils	Masculino + femenino = masculino, por ejemplo: Pierre et Juliette sont très heureux. **Ils** se sont mariés.
		ellas	elles	Pierre y Juliette son muy felices. **Ellos** se han casado.

Pronunciación:
Las terminaciones en **e** son mudas, es decir, no se pronuncian, excepto:
> en canciones, si se desea que suene la sílaba por cuestiones de melodía (je t'aimeeeeee…)
> en el acento del sur de Francia; por ejemplo, en:
je mange toute la journée se pronuncian todas las terminaciones.

¡Cuidado!
Algunos verbos sufren cambios en su ortografía dependiendo de la persona.

Se hace una distinción entre las formas acentuadas en la raíz (1.ª / 2.ª / 3.ª pers. sing. y 3.ª pers. pl.) y las formas acentuadas en la terminación (1.ª y 2.ª pers. pl.).

1.ª pers. pl.

Característica especial de los verbos acabados en **-cer** y en **-ger** en **nous** (1.ª pers. pl.).

1.ª, 2.ª, 3.ª pers. sing. y 3.ª pers. pl.

Característica de los verbos acabados en **-yer** y **-e-er** con diferente raíz y terminaciones tónicas.

Verbos acabados en -cer
Particularidades en la ortografía

Para conservar la pronunciación de la raíz, en la **1.ª persona del plural**, la -c se convierte en -ç.

1.ª pers. pl.

¡Atención!
Solo afecta a la persona **nous** nosotros/-as.

		Presente c > ç **lancer** lanzar	
	Raíz	**Terminación**	Pronunciación
	lanc	**er**	**c antes de las vocales e, i** y de **y** se pronuncia como [s], por ejemplo: je lance [lɑ̃sɔ], ici [isi], Cyrano [siʀanɔ]
	lanz	ar	
je	lanc	**e**	**c antes de las vocales a, o, u** se pronuncia como [k], por ejemplo: Coca-Cola® [kɔkakɔla]
tu	lanc	**es**	
il / elle / on	lanc	**e**	
nous	lanç	**ons**	**ç** se usa **antes de las vocales a, o** y **u** y se pronuncia como [s], por ejemplo: nous lançons [lɑ̃sɔ̃]
vous	lanc	**ez**	
ils / elles	lanc	**ent**	

Este mismo patrón de conjugación también sirve para los siguientes verbos:

commencer empezar
je commence / nous commençons

annoncer anunciar
j'annonce, nous annonçons

placer colocar, poner, ubicar
je place, nous plaçons

prononcer pronunciar
je prononce, nous prononçons

Así como para todos los verbos derivados de ellos, por ejemplo:

balancer balancear, mecer
s'élancer alzarse, elevarse
recommencer volver a comenzar, volver a empezar

Verbos acabados en -**ger**

Características especiales en la ortografía

Para conservar la pronunciación de la raíz, en la **1.ª persona del plural**, la-**g** se convierte en -**ge**.

1.ª pers. pl.

¡Atención!

Solo afecta a la persona **nous** nosotros/-as.

Presente **g > ge manger** comer

	Raíz	**Terminación**	Pronunciación
	mang	**er**	**g antes de las vocales e, i** y de **y** se pronuncia como [ʒ], por ejemplo: je mange, [mɑ̃ʒ], garagiste [gaʀaʒist]
	com	er	
je	mang	**e**	**g antes de las vocales a, o, u** se pronuncia como [g], por ejemplo: gargouille [gaʀguj] gárgola
tu	mang	**es**	
il / elle / on	mang	**e**	
nous	mang**e**	**ons**	**ge** se usa **santes de a, o** y **u** y se pronuncia como [ʒ], por ejemplo: nous mangeons [mɑ̃ʒɔ̃]
vous	mang	**ez**	
ils / elles	mang	**ent**	

Este mismo patrón de conjugación también sirve para los siguientes verbos:

nager nadar
je nage / nous nageons

plonger bucear
je plonge / nous plongeons

ranger ordenar
je range / nous rangeons

changer cambiar
je change / nous changeons

Así como para todos los verbos derivados de ellos, por ejemplo:

déranger molestar
se changer cambiarse

Verbos acabados en -yer
Características especiales en la ortografía

En los verbos que terminan en -**ayer**, -**oyer** y -**uyer**, la -**y** se convierte en -**i** en la **1.ª, 2.ª y 3.ª persona del singular**, así como en la **3.ª persona del plural**.

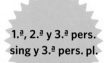

¡Atención!
Esto afecta a todas las personas, excepto a **nous** nosotros/-as y a **vous** vosotros/-as / usted.

| Presente y > i | | | nettoyer | | | essuyer | | |
payer pagar			limpiar			secar		
	Raíz	**Term.**		Raíz	**Term.**		Raíz	**Term.**
	pay	**er**		nettoy	**er**		essuy	**er**
	pag	ar		limpi	ar		sec	ar
je	pai	**e**		nettoi	**e**		essui	**e**
tu	pai	**es**		nettoi	**es**		essui	**es**
il / elle / on	pai	**e**		nettoi	**e**		essui	**e**
nous	pay	**ons**		nettoy	**ons**		essuy	**ons**
vous	pay	**ez**		nettoy	**ez**		essuy	**ez**
ils / elles	pai	**ent**		nettoi	**ent**		essui	**ent**

En el caso de los verbos en -**ayer** , también existen las formas con -**y** (je balaie / je bal**aye**), pero rara vez se utilizan.

Pronunciación
En estos verbos, las terminaciones se pronuncian -**aie** [ɛ] y -**aye** [ej], por ejemplo:
je paie / je paye.

Este mismo patrón de conjugación
también sirve para los siguientes verbos:

	essayer probar(se) j'essaie / nous essayons
Verbos en **-ayer**	**effrayer** asustar / atemorizar j'effraie / nous effrayons
	rayer rayar je raie / nous rayons
	envoyer enviar j'envoie / nous envoyons
	employer emplear / utilizar j'emploie / nous employons
Verbos en **-oyer**	**noyer** ahogar je noie / nous noyons
	aboyer ladrar j'aboie / nous aboyons
Verbos en **-uyer**	**appuyer** apoyar / apretar j'appuie / nous appuyons
	s'ennuyer aburrir(se) je m'ennuie / nous nous ennuyons

Así como todos los verbos derivados de ellos, por ejemplo:

renvoyer reenviar
réemployer / remployer reutilizar
se noyer ahogarse

117

Verbos acabados en -er y con la raíz y las terminaciones tónicas

Características

En los verbos que terminan en
-e (o é) + consonante + er
la e o la é de la raíz se convierte en è.

En estos casos, el sonido [œ] o é [e] se convierte en è [ɛ] en las formas con la raíz tónica.

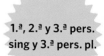

1.ª, 2.ª y 3.ª pers. sing y 3.ª pers. pl.

¡Atención!
Esto afecta a todas las personas, excepto a **nous** nosotros/-as y a **vous** vosotros/-as / usted(es).

Presente e **>** è **acheter** comprar		
	Raíz	**Term.**
	achet	**er**
	compr	ar
j'	achèt	**e**
tu	achèt	**es**
il / elle / on	achèt	**e**
nous	achet	**ons**
vous	achet	**ez**
ils / elles	achèt	**ent**

Presente é **>** è **préférer** preferir		
	Stamm	**Endung**
	préfér	**er**
	prefer	ir
je	préfèr	**e**
tu	préfèr	**es**
il / elle / on	préfèr	**e**
nous	préfér	**ons**
vous	préfér	**ez**
ils / elles	préfèr	**ent**

Este mismo patrón de conjugación también sirve para los siguientes verbos:

lever levantar / elevar
je lève / nous levons

mener mandar / dirigir
je mène / nous menons

peser pesar
je pèse / nous pesons

Así como todos los verbos derivados de ellos, por ejemplo:
se **lever** levantarse,
enlever quitar / retirar,
emmener llevar / transportar,
se **promener** pasear

compléter completar
je complète / nous complétons

espérer esperar
j'espère / nous espérons

répéter repetir
je répète / nous répétons

exagérer exagerar
j'exagère / nous exagérons

posséder poseer / tener
je possède / nous possédons

Los verbos appeler y jeter
Características especiales de la ortografía

Los verbos **appeler**, **jeter** y los verbos derivados de ellos, **duplican la l o la t** de la raíz en las formas que tienen la raíz tónica.

De nuevo el sonido [œ] se convierte en **è** [ɛ].

1.ª, 2.ª y 3.ª pers. sing y 3.ª pers. pl.

¡Atención!
Esto afecta a todas las personas, excepto a **nous** nosotros/-as y **vous** vosotros/-as / usted.

Presente l > ll
appeler llamar

	Raíz	Term.
	appel	er
	llam	ar
j'	appell	e
tu	appell	es
il / elle / on	appell	e
nous	appel	ons
vous	appel	ez
ils / elles	appell	ent

Presente t > tt
jeter lanzar

	Raíz	Term.
	jet	er
	lanz	ar
je	jett	e
tu	jett	es
il / elle / on	jett	e
nous	jet	ons
vous	jet	ez
ils / elles	jett	ent

Esta regla se aplica tanto a los verbos **appeler** y **jeter** como a los verbos derivados de ellos.

Por lo tanto, este mismo patrón de conjugación también sirve para los siguientes verbos:

los verbos derivados de **appeler**, por ejemplo:

s'appeler llamarse
je m'appelle / nous nous appelons

se rappeler recordar
je me rappelle / nous nous rappelons

los verbos derivados de **jeter**, por ejemplo:

projeter proyectar / planear
je projette / nous projetons

rejeter devolver
je rejette / nous rejetons

Formación de los verbos acabados en -ir en présent

En total hay unos 300 verbos acabados en **-ir**.

Se dividen en dos categorías: con y sin añadido en la raíz.

Todos los verbos acabados en **-ir** tienen las siguientes terminaciones en presente: **-s, -s, -t, -ons, -ez, -ent**.

Ten en cuenta que, incluso los verbos sin añadido en la raíz, tienen dos raíces diferentes: una para el singular y otra para el plural. En el caso de los verbos como **partir**, la última consonante de la raíz se omite en el singular, pero vuelve a aparecer en el plural: je pars / nous partons, je dors / nous dormons.

Verbos en -ir sin añadido en la raíz

partir salir / marcharse		
	Raíz	**Term.**
	part	**ir**
	sal	ir
je	par	**s**
tu	par	**s**
il / elle / on	par	**t**
nous	part	**ons**
vous	part	**ez**
ils / elles	part	**ent**

Este mismo patrón de conjugación también sirve para los siguientes verbos:

dormir dormir
je dors / nous dormons

sentir oler / percibir
je sens / nous sentons

sortir salir
je sors / nous sortons

mentir mentir
je mens / nous mentons

¡Fácil pronunciación!
Las terminaciones **-s** y **-t** son **mudas**.
La **1.ª, 2.ª y 3.ª personas del singular se pronuncian igual**, solo **se oye la raíz**.

Verbos en -ir con añadido en la raíz

Los verbos acabados en -ir con añadido en la raíz tienen las mismas terminaciones en presente que los verbos sin añadido en la raíz: -s, -s, -t, -ons, -ez, -ent.

Pero añaden -ss en las tres personas del plural antes de la terminación.

+ -iss   1.ª, 2.ª y 3.ª pers. pl.

¡Atención!
Esto solo afecta a las personas
en **plural.**

Este mismo patrón de conjugación también
sirve para los siguientes verbos:

applaudir aplaudir
j'applaudis / nous applaudissons

choisir elegir / escoger
je choisis / nous choisissons

réussir triunfar / lograr
je réussis / nous réussissons

réfléchir pensar / reflexionar
je réfléchis / nous réfléchissons

grandir crecer / aumentar
je grandis / nous grandissons

finir terminar / acabar		
	Raíz	**Term.**
	fin	ir
	termin	ar
je	fin**i**	s
tu	fin**i**	s
il / elle / on	fin**i**	t
nous	fin**iss**	ons
vous	fin**iss**	ez
ils / elles	fin**iss**	ent

¡Fácil pronunciación!

Las terminaciones -s y -t son **mudas.**
La **1.ª, 2.ª y 3.ª personas del singular**
se pronuncian igual: solo **se oye la raíz + i.**

Formación de los verbos acabados en -re en présent

Este grupo de verbos contiene aproximadamente 180 verbos, muchos de los cuales son irregulares.

Los verbos en **-re** usualmente también terminan en **-s, -s, -t, -ons, -ez, -ent**.

Pero como a menudo tienen una raíz irregular, tendrás que aprender cada verbo individualmente.

¡Consejo!

Cada vez que aprendas un verbo, aprende también su conjugación.

Ejemplo sin añadido en la raíz

rire reír(se)		
	Raíz	**Term.**
	ri	**re**
	re	ir
je	ri	**s**
tu	ri	**s**
il / elle / on	ri	**t**
nous	ri	**ons**
vous	ri	**ez**
ils / elles	ri	**ent**

Ejemplo con añadido en la raíz

lire lesen		
	Raíz	**Term.**
	li	**re**
	le	er
je	li	**s**
tu	li	**s**
il / elle / on	li	**t**
nous	li**s**	**ons**
vous	li**s**	**ez**
ils / elles	li**s**	**ent**

Verbos acabados en -dre
Características especiales de la ortografía

Los verbos acabados en **-dre** tienen las mismas terminaciones, excepto en la 3.ª persona del singular que no tiene ninguna terminación.

Las terminaciones son **-s**, **-s**, **-**, **-ons**, **-ez**, **-ent**.

3. Pers. Sg.

¡Atención!
Se refiere solo a la
3ª. persona del singular.

attendre esperar / aguardar		
	Raíz	**Term.**
	attend	**re**
	wart	en

j'	attend	**s**
tu	attend	**s**
il / elle / on	attend	
nous	attend	**ons**
vous	attend	**ez**
ils / elles	attend	**ent**

Este mismo patrón de conjugación también sirve para los siguientes verbos:

entendre oír / escuchar
il entend/ nous entendons

perdre perder / extraviar
il perd/ nous perdons

vendre vender
il vend / nous vendons

rendre devolver / retornar
il rend/ nous rendons

Formación de los verbos acabados en -re en présent

Desgraciadamente no hay ninguna regla, así que tendrás que memorizarlos como hacen los niños franceses en el colegio...

avoir
tener

j'ai
tu as
il/elle/on a
nous avons
vous avez
ils/elles ont

être
ser / estar

je suis
tu es
il/elle/on est
nous sommes
vous êtes
ils/elles sont

aller
ir

je vais
tu vas
il/elle/on va
nous allons
vous allez
ils/elles vont

faire
hacer

je fais
tu fais
il/elle/on fait
nous faisons
vous faites
ils/elles font

Atención a la pronunciación:
faisons = [fəzɔ̃]

dire
decir

je dis
tu dis
il/elle/on dit
nous disons
vous dites
ils/elles disent

sigue el mismo patrón

interdire
prohibir

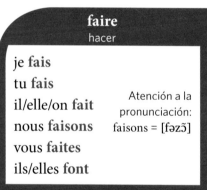

plaire
gustar

je plais
tu plais
il/elle/on plaît
nous plaisons
vous plaisez
ils/elles plaisent

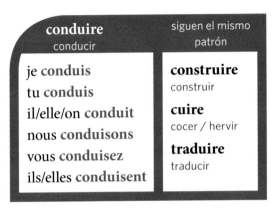

conduire
conducir

siguen el mismo patrón

je **conduis**
tu **conduis**
il/elle/on **conduit**
nous **conduisons**
vous **conduisez**
ils/elles **conduisent**

construire
construir

cuire
cocer / hervir

traduire
traducir

connaître
conocer

siguen el mismo patrón

je **connais**
tu **connais**
il/elle/on **connaît**
nous **connaissons**
vous **connaissez**
ils/elles **connaissent**

disparaître
desaparecer

paraître
parecer

boire
beber

je **bois**
tu **bois**
il/elle/on **boit**
nous **buvons**
vous **buvez**
ils/elles **boivent**

écrire
escribir

siguen el mismo patrón

j'**écris**
tu **écris**
il/elle/on **écrit**
nous **écrivons**
vous **écrivez**
ils/elles **écrivent**

décrire
describir

inscrire
inscribir

prendre
coger / agarrar

je prends
tu prends
il/elle/on prend
nous prenons
vous prenez
ils/elles prennent

siguen el mismo patrón

comprendre
comprender

surprendre
sorprender

suivre
seguir

je suis
tu suis
il/elle/on suit
nous suivons
vous suivez
ils/elles suivent

sigue el mismo patrón

poursuivre
perseguir

vivre
vivir

je vis
tu vis
il/elle/on vit
nous vivons
vous vivez
ils/elles vivent

sigue el mismo patrón

survivre
sobrevivir

croire
creer

je **crois**
tu **crois**
il/elle/on **croit**
nous **croyons**
vous **croyez**
ils/elles **croient**

craindre
temer

siguen el mismo patrón

je **crains**
tu **crains**
il/elle/on **craint**
nous **craignons**
vous **craignez**
ils/elles **craignent**

atteindre
alcanzar

contraindre
forzar / obligar

joindre
unir / juntar

se plaindre
quejarse

mettre
poner / colocar

siguen el mismo patrón

je **mets**
tu **mets**
il/elle/on **met**
nous **mettons**
vous **mettez**
ils/elles **mettent**

permettre
permitir

promettre
prometer

transmettre
entregar / transmitir

rire
reír

je **ris**
tu **ris**
il/elle/on **rit**
nous **rions**
vous **riez**
ils/elles **rient**

ouvrir
abrir

siguen el mismo patrón

j'ouvre
tu ouvres
il/elle/on ouvre
nous ouvrons
vous ouvrez
ils/elles ouvrent

découvrir
descubrir / destapar

offrir
regalar / ofrecer

souffrir
sufrir

courir
correr

siguen el mismo patrón

je cours
tu cours
il/elle/on court
nous courons
vous courez
ils/elles courent

concourir
concursar / competir

parcourir
recorrer

mourir
morir

je meurs
tu meurs
il/elle/on meurt
nous mourons
vous mourez
ils/elles meurent

venir
venir

siguen el mismo patrón

je viens
tu viens
il/elle/on vient
nous venons
vous venez
ils/elles viennent

appartenir
pertenecer

devenir
convertirse en

soutenir
sostener

tenir
tener

devoir
deber

je dois
tu dois
il/elle/on doit
nous devons
vous devez
ils/elles doivent

pouvoir
poder

je peux
tu peux
il/elle/on peut
nous pouvons
vous pouvez
ils/elles peuvent

recevoir
recibir

je reçois
tu reçois
il/elle/on reçoit
nous recevons
vous recevez
ils/elles reçoivent

savoir
saber

je sais
tu sais
il/elle/on sait
nous savons
vous savez
ils/elles savent

voir
ver

je vois
tu vois
il/elle/on voit
nous voyons
vous voyez
ils/elles voient

vouloir
querer

je veux
tu veux
il/elle/on veut
nous voulons
vous voulez
ils/elles veulent

pleuvoir
llover

-
-
il pleut
-
-
-

valoir
valer / costar

je vaux
tu vaux
il/elle/on vaut
nous valons
vous valez
ils/elles valent

falloir
hacer falta

-
-
il faut
-
-
-

Formación de los verbos reflexivos

Los verbos reflexivos llevan un pronombre reflexivo,
relacionado con el **sujeto**.

Los pronombres reflexivos son:
me, te, se, nous, vous, se.

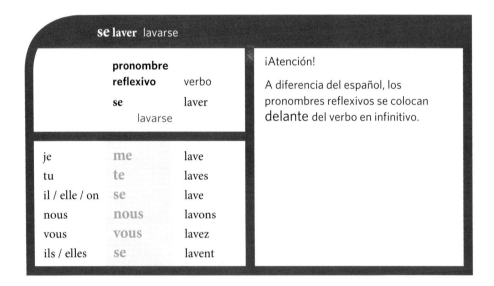

se laver lavarse		
pronombre reflexivo	verbo	¡Atención!
se	laver	A diferencia del español, los pronombres reflexivos se colocan **delante** del verbo en infinitivo.
	lavarse	
je	me	lave
tu	te	laves
il / elle / on	se	lave
nous	nous	lavons
vous	vous	lavez
ils / elles	se	lavent

130

Delante de una vocal o de una h muda,
me, **te**, **se** se convierten en **m'**, **t'** y **s'**.

s'habiller vestirse		
	pronombre reflexivo	verbo
	s'	habiller
		vestirse
je	**m'**	habille
tu	**t'**	habilles
il / elle / on	**s'**	habille
nous	**nous**	habillons
vous	**vous**	habillez
ils / elles	**s'**	habillent

¡Diferencia!

Muchos verbos reflexivos en francés también
lo son en español y viceversa, ¡pero no todos!

Reflexivos en francés, pero no en español:	... y al contrario:
se reposer descansar	**partir** irse / marcharse
se promener pasear	**tomber amoureux** enamorarse
se passer ocurrir / pasar	**divorcer** divorciarse
	tomber caerse

Qu'est-ce qu'il **se** passe ?   Elle a divorcé de son deuxième mari.
¿Qué ocurre / pasa?   Ella **se** divorció de su segundo marido.

El pasado

Formación del imparfait

Las terminaciones del imperfecto son
-ais, -ais, -ait, -ions, -iez, -aient.
Se añaden a la raíz de la **1.ª persona del plural (nous**
nosotros) en presente.

regarder mirar

	Raíz	Term.	Pronunciación:
	regard	**er**	En el lenguaje hablado **suenan igual la 1.ª, 2.ª**
	mir	ar	**y 3.ª persona del singular** y la **3.ª persona del plural.**
je	regard	ais	La terminación suena [ɛ].
tu	regard	ais	
il / elle / on	regard	ait	
nous	regard	ions	
vous	regard	iez	
ils / elles	regard	aient	

Así puedes formar el **imparfait** de forma fácil y segura:

Infinitivo	1.ª persona del plural en presente		imparfait	
parler	nous	**parl** ons	je	**parl**ais
prendre	nous	**pren** ons	tu	**pren**ais
aller	nous	**all** ons	il / elle / on	**all**ait
dormir	nous	**dorm** ons	nous	**dorm**ions
finir	nous	**finiss** ons	vous	**finiss**iez
faire	nous	**fais** ons	ils / elles	**fais**aient

Imparfait: raíz de la 1.ª
persona del plural (**nous**)
en presente + terminación

¡Eso es todo!
En imparfait todos los verbos son **regulares,** excepto **être**.

être ser /estar

	Raíz	**Term.**
	êt	**re**
	est	ar

j'	ét	ais
tu	ét	ais
il / elle / on	ét	ait
nous	ét	ions
vous	ét	iez
ils / elles	ét	aient

Solo hay una excepción: el verbo **être** tiene otra raíz en imparfait: **ét-**.

Quand j'étais **petit, je** voulais **devenir superman.**
Cuando era pequeño, quería convertirme en Superman.

Verbos acabados en -cer
Características especiales en la ortografía

Para conservar la pronunciación de la raíz, **-c** se convierte en **-ç en todas las personas, excepto en la 1.ª y 2.ª persona del plural.**

1.ª, 2.ª, 3ª pers. sing. y 3.ª pers. pl.

Afecta **a todas las personas**, excepto a **nous** nosotros/-as y **vous** vosotros/-as / usted(es).

imparfait c ❯ ç: lancer lanzar / arrojar			
	Raíz	**Term.**	Pronunciación
	lanc	**er**	**c delante de las vocales e, i** y de **y** se
	lanz	ar	pronuncia **[s]**, por ejemplo:
			nous lancions [lɑ̃sjɔ̃], vous lanciez [lɑ̃sje]
je	lanç	ais	**c delante de las vocales a, o, u** se pronuncia
tu	lanç	ais	[k], por ejemplo:
il / elle / on	lanç	ait	Coca-Cola® [kɔkakɔla]
nous	lanc	ions	**ç va delante de a, o u** y se pronuncia [s], por
vous	lanc	iez	ejemplo:
ils / elles	lanç	aient	je lançais [lɑ̃sɛ]

Este mismo patrón de conjugación también sirve para los siguientes verbos:

commencer comenzar / empezar
je commençais / nous commencions

percer perforar
je perçais / nous percions

rincer enjuagar / aclarar
je rinçais / nous rincions

bercer (qn.) mecer
je berçais / nous bercions

Así como para todos los verbos derivados de ellos, por ejemplo:

balancer balancearse
s'élancer lanzarse
recommencer volver a empezar
transpercer atravesar / traspasar

Verbos acabados en -ger
Características especiales en la ortografía

Para conservar la pronunciación de la raíz, la -g se convierte en **-ge en todas las personas, excepto en la 1.ª y 2.ª persona del plural**.

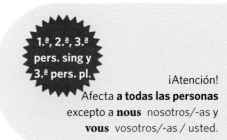

1.ª, 2.ª, 3.ª pers. sing y 3.ª pers. pl.

¡Atención!
Afecta **a todas las personas** excepto a **nous** nosotros/-as y **vous** vosotros/-as / usted.

imparfait g > ge: manger comer

	Raíz	Term.	Pronunciación
	mang	**er**	**g delante de las vocales e, i** y de **y** se pronuncia [ʒ], por ejemplo:
	com	er	je mange, [mãʒ], nous mangions [mãʒjɔ̃]
je	mange	ais	**g delante de las vocales a, o, u** se pronuncia [g], por ejemplo:
tu	mange	ais	gargouille [gaʀguj] gárgola
il / elle / on	mange	ait	**ge va delante de a, o, u** y se pronuncia [ʒ], por ejemplo:
nous	mang	ions	je mangeais [mãʒɛ]
vous	mang	iez	
ils / elles	mange	aient	

Este mismo patrón de conjugación también sirve para los siguientes verbos:

nager nadar
je nageais / nous nagions

plonger zambullirse
je plongeais / nous plongions

ranger ordenar / colocar
je rangeais / nous rangions

changer cambiar
je changeais / nous changions

Así como para todos los verbos derivados de ellos, por ejemplo:

déranger molestar
se changer cambiarse

Formación del perfecto o passé composé

passé composé con **avoir**	passé composé con **être**
- se forman así la mayoría de los verbos, incluidos **être** y el propio **avoir**: J'ai été au cinéma hier soir. He ido al cine ayer por la noche.	- verbos reflexivos: Je me suis levée tard ce matin. Me he levantado tarde esta mañana.
- verbos de movimiento: **courir**, **marcher**, **nager**, etc. - algunos verbos de movimiento en una dirección solo si van seguidos de un **objeto directo**: J'ai descendu la valise. He bajado la maleta.	- verbos de movimiento en una dirección o de permanencia: **aller arriver entrer partir rester rentrer tomber venir revenir** Je suis descendu dans la rue. He bajado por la calle.
	- los verbos **naître**, **devenir**, **mourir**, **décéder** Je suis née en 1980. He nacido en 1980.

passé composé con avoir

	Presente de avoir	Participio pasado
parler hablar		
j'	ai	parlé
tu	as	parlé
il/elle/on	a	parlé
nous	avons	parlé
vous	avez	parlé
ils/elles	ont	parlé

passé composé con être

	Presente de être	Participio pasado
arriver llegar		
je	suis	arrivé(e)
tu	es	arrivé(e)
il/elle/on	est	arrivé(e)(s)
nous	sommes	arrivé(e)s
vous	êtes	arrivé(e)s
ils/elles	sont	arrivé(e)s

Concordancia del participio pasado con avoir:

Cuando se forma el

passé composé
con
avoir

el **participio pasado** es
invariable.

J'ai vu la mer.
He visto el mar.

J'ai vu les rochers.
He visto las rocas.

J'ai vu le bateau.
He visto el barco.

J'ai vu les vagues.
He visto las olas.

Sin embargo, cuando un
objeto directo precede a
avoir conjugado

entonces el
**participio pasado concuerda
en género y número**
con el **objeto directo**.

Je l'**ai vue**.
Yo la he visto.

Je l'**ai vu**.
Yo lo he visto..

o   Je les **ai vus**.
Yo los he visto.

Je les **ai vues**.
Yo las he visto.

Concordancia del participio pasado con être:

Cuando se forma el

passé composé
con
être

el **participio pasado** concuerda
en género y número
con el **sujeto**.

Elle est déscendue.
Ella ha bajado.

Il est monté.
Él ha subido.

Elles sont parties.
Ellas se han ido.

  o

Ils sont venus.
Ellos han venido.

Ils se sont pourtant **rencontrés.**
Por eso, ellos se han encontrado.

¡Atención a la concordancia!
Si un verbo reflexivo va seguido de un objeto directo,
el participio pasado no cambia.

Elle s'**est** lavée.   **PERO:**   Elle s'**est** lavé les mains.
Ella se ha lavado.   Ella se ha lavado las manos.

Formación del plus-que-parfait

être/avoir en imparfait + participio pasado del verbo principal

voir ver

verbo auxiliar en imparfait	participio pasado
avoir haber	**vu** visto

j'	avais	vu
tu	avais	vu
il / elle / on	avait	vu
nous	avions	vu
vous	aviez	vu
ils / elles	avaient	vu

Aquí la **concordancia** del participio pasado es la misma que en el passé composé:

plus-que-parfait con **avoir** haber

Concordancia del participio pasado con avoir:
La **concordancia** del participio pasado **es la misma** que la del Passé composé,

Cuando el plus-que-parfait va con **avoir**

el participio pasado es **invariable**

J'avais trouvé une dent.
Yo había encontrado un diente.

Sin embargo, cuando un objeto directo **precede** a **avoir** conjugado

entonces el participio pasado **concuerda en género y número** con el **objeto directo**.

Je l'avais trouvée.
Yo la había encontrado.

rester permanecer		

	verbo auxiliar en imparfait	participio pasado
	être haber	resté permanecido

De nuevo la **concordancia** del participio pasado **es la misma** que la del passé composé:

j'	étais	resté(e)
tu	étais	resté(e)
il / elle / on	était	resté(e)(s)
nous	étions	resté(e)s
vous	étiez	resté(e)s
ils / elles	étaient	resté(e)s

plus-que-parfait con être aquí: haber

Concordancia del participio pasado con être:

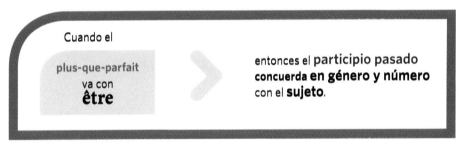

Cuando el

plus-que-parfait va con être

entonces el participio pasado **concuerda en género y número** con el **sujeto**.

Elle **était** endormie.
Ella estaba dormida.

La souris et son cadeau **étaient** venus.
El ratoncito y su regalo habían venido.

Formación del passé simple

Aunque equivale al indefinido español, se usa mucho menos.

El **passé simple** solo se utiliza en el **lenguaje escrito**.
Normalmente solo se usa la 3.ª persona del singular y plural. Por lo tanto,
no es necesario que sepas conjugarlo a la perfección,
pero sí conviene que lo sepas reconocer.

Verbos
acabados en
-er

En la mayoría de los verbos, simplemente se añaden las
terminaciones del passé simple a la raíz del **infinitivo**.

aimer amar

passé simple verbos en **-er**	Raíz	**Term.**
	aim	**er**
	am	ar
j'	aim	**ai**
tu	aim	**as**
il / elle / on	aim	**a**
nous	aim	**âmes**
vous	aim	**âtes**
ils / elles	aim	**èrent**

Los verbos acabados en **-er** tienen estas terminaciones:
-**ai**
-**as**
-**a**
-**âmes**
-**âtes**
-**èrent**

¡No te asustes con tantos acentos!

La pronunciación de las terminaciones suena así:

e	[ɛ]
a	[a]
a	[a]
am	[am]
at	[at]
er	[ɛʀ]

Un jour elle **rencontra** son prince charmant. Ils **s'aimèrent**, **vécurent** heureux et **eurent** beaucoup d'enfants.
Un día ella conoció a su príncipe encantador. Se amaron, vivieron felices para siempre y tuvieron muchos hijos.

Si quieres pronunciar el passé simple (al leer en voz alta, por ejemplo): las terminaciones -**s**, -**t**, -**es** y -**ent** son mudas. Excepto en los verbos que acaban en -**er**, las tres personas del singular suenan igual.

Verbos acabados en

-re

y en

-ir

entendre escuchar / oír			choisir elegir		Los verbos acabados en **-re**

passé simple verbos en **-re** e **-ir**	Raíz	**Term.**	Raíz	**Term.**	e **-ir** tienen estas terminaciones: **-is**, **-is**, **-it**, **-îmes**, **-îtes**, **-irent**.
	entend	re	chois	ir	
	escuch	ar	eleg	ir	

	Raíz	**Term.**	Raíz	**Term.**		
j'	entend	**is**	chois	**is**	i	[i]
tu	entend	**is**	chois	**is**	i	[i]
il / elle / on	entend	**it**	chois	**it**	i	[i]
nous	entend	**îmes**	chois	**îmes**	im	[im]
vous	entend	**îtes**	chois	**îtes**	it	[it]
ils / elles	entend	**irent**	chois	**irent**	ir	[iʀ]

Otros verbos

croire creer			Algunos verbos, en su mayoría irregulares, como los que terminan en **-oir** y **-oire** tienen estas terminaciones: **-us**, **-us**, **-ut**, **-ûmes**, **-ûtes**, **-urent**.	La pronunciación de las terminaciones suena así:

passé simple otros verbos	Raíz	**Term.**
	cr	oire
	cre	er

	Raíz	**Term.**			
je	cr	**us**	u	[y]
tu	cr	**us**	u	[y]
il / elle / on	cr	**ut**	u	[y]
nous	cr	**ûmes**	um	[ym]
vous	cr	**ûtes**	ut	[yt]
ils / elles	cr	**urent**	ur	[yʀ]

Terminaciones de los verbos irregulares en passé simple en: **-us**, **-ut**, etc.

avoir haber
j'eus
tu eus
il/elle/on eut
nous eûmes
vous eûtes
ils/elles eurent

être ser / estar
je fus
tu fus
il/elle/on fut
nous fûmes
vous fûtes
ils/elles furent

recevoir recibir
je reçus
tu reçus
il/elle/on reçut
nous reçûmes
vous reçûtes
ils/elles reçurent

pouvoir poder
je pus
tu pus
il/elle/on put
nous pûmes
vous pûtes
ils/elles purent

savoir saber
je sus
tu sus
il/elle/on sut
nous sûmes
vous sûtes
ils/elles surent

vouloir querer
je voulus
tu voulus
il/elle/on voulut
nous voulûmes
vous voulûtes
ils/elles voulurent

boire beber
je bus
tu bus
il/elle/on but
nous bûmes
vous bûtes
ils/elles burent

vivre vivir
je vécus
tu vécus
il/elle/on vécut
nous vécûmes
vous vécûtes
ils/elles vécurent

lire leer
je lus
tu lus
il/elle/on lut
nous lûmes
vous lûtes
ils/elles lurent

Terminaciones de los verbos irregulares en passé simple en -**is**, -**it**, etc.

dire decir	écrire escribir	faire hacer
je dis	j'écrivis	je fis
tu dis	tu écrivis	tu fis
il/elle/on dit	il/elle/on écrivit	il/elle/on fit
nous dîmes	nous écrivîmes	nous fîmes
vous dîtes	vous écrivîtes	vous fîtes
ils/elles dirent	ils/elles écrivirent	ils/elles firent

mettre poner / colocar	prendre coger / tomar	voir ver
je mis	je pris	je vis
tu mis	tu pris	tu vis
il/elle/on mit	il/elle/on prit	il/elle/on vit
nous mîmes	nous prîmes	nous vîmes
vous mîtes	vous prîtes	vous vîtes
ils/elles mirent	ils/elles prirent	ils/elles virent

Los verbos **venir** y **tenir** terminan en -**ins**, -**int**, etc.

venir venir	tenir tener / agarrar
je vins	je tins
tu vins	tu tins
il/elle/on vint	il/elle/on tint
nous vînmes	nous tînmes
vous vîntes	vous tîntes
ils/elles vinrent	ils/elles tinrent

Pronunciación

Pronuncia in /în
como en bass**in** [ɛ̃].
Igual delante de la m,
en nous vînmes
y nous tînmes.

El futuro

Formación del futur proche

El **futur proche** es un **futuro cercano**.
En francés también se conoce como **futur composé**. Equivale a la perífrasis española «ir a + infinitivo».

aller en presente + infinitivo del verbo principal

	aller ir	infinitivo
je	vais	aller
tu	vas	voir
il / elle / on	va	danser
nous	allons	vivre
vous	allez	dormir
ils / elles	vont	voyager

¡Atención a la **liaison**!
Al hablar, siempre se hace la liaison entre **nous** y **allons**, y entre **vous** y **allez** [z], por ejemplo:
Nous_allons manger.

Después de las terminaciones **-s**, **-z** y **-t** del verbo conjugado **aller**, puede (pero no es obligatorio) se puede pronunciar una liaison [z] o [t] antes de una vocal o h muda, por ejemplo:
Tu vas avoir froid. / Tu vas_avoir froid.

Bientôt, il **va jouer.**
Pronto él **va a jugar.**

Formación del futur simple

El futur simple es **sencillo**:

al igual que en español, se forma con una sola palabra:

Je voyagerai. Yo **viajaré**.

Todos los verbos tienen las mismas terminaciones: **-rai**, **-ras**, **-ra**, **-rons**, **-rez**, **-ront**.

chanter cantar		écrire escribir		sentir oler	
Raíz	**Term.**	Raíz	**Term.**	Raíz	**Term.**
chant	**er**	**écri**	**re**	**sent**	**ir**
cant	ar	escrib	ir	ol	er
je (j')	**chante** rai	**écri** rai		**senti** rai	
tu	**chante** ras	**écri** ras		**senti** ras	
il / elle / on	**chante** ra	**écri** ra		**senti** ra	
nous	**chante** rons	**écri** rons		**senti** rons	
vous	**chante** rez	**écri** rez		**senti** rez	
ils / elles	**chante** ront	**écri** ront		**senti** ront	

Según sea la terminación del infinitivo, el futur simple se forma siguiendo este patrón:

Verbos regulares

Infinitivo **-er** > **je** Presente **e-**

Infinitivo **-re** > Infinitivo -(~~re~~)

Infinitivo **-ir** > Infinitivo **i**-(~~r~~)

rai
ras
ra
rons
rez
ront

Todos los verbos tienen las mismas terminaciones

Après, elles joueront.
Después ellos jugarán.

Verbos acabados en -er

En los verbos acabados en **-er**, las terminaciones se añaden a la **1.ª persona del singular del presente**.

Recuerda: el futuro siempre termina en -erai, -eras etc.

¡Atención a la excepción! Para los verbos acabados en **-érer**, añade las terminaciones del futuro al **infinitivo sin r**, por ejemplo.:

Infinitivo	1.ª pers. sing. presente	
donner dar		**je donne**
	futur simple	je **donne** rai
acheter comprar		**j'achète**
	futur simple	tu **achète** ras
jeter tirar		**je jette**
	futur simple	il **jette** ra

Infinitivo	Infinitivo sin r	
espérer esperar		**espére** ~~r~~
	futur simple	j' **espére** rai

Infinitivo	raíz del infinitivo	
prendre coger		**prend** ~~re~~
	futur simple	je **prend** rai
lire leer		**li** ~~re~~
	futur simple	tu **li** ras
boire beber		**boi** ~~re~~
	futur simple	il **boi** ra

Verbos acabados en -re

En los verbos acabados en **-re**, se añaden las terminaciones del futuro directamente a la **raíz del infinitivo**.

Verbos acabados en -ir

En los verbos acabados en **-ir** se añaden las terminaciones del futuro al **infinitivo sin r**.

Recuerda: el futuro siempre termina en -irai, -iras etc.

Infinitivo	Infinitivo sin r	
choisir elegir		**choisi** ~~r~~
	futur simple	je **choisi** rai
partir irse		**parti** ~~r~~
	futur simple	tu **parti** ras
finir acabar		**fini** ~~r~~
	futur simple	il **fini** ra

Verbos irregulares

En los verbos irregulares **cambia la raíz del verbo.**

Las terminaciones del futuro son las mismas.

avoir
haber
j'aurai

être
ser / estar
tu seras

aller
ir
il ira

faire
hacer
elle fera

mourir
morir
ils mourront

courir
correr
elle courra

pouvoir
poder
tu pourras

voir
ver
je verrai

envoyer
enviar
elle enverra

savoir
saber
elle saura

falloir
hacer falta
il faudra

valoir
valer
il vaudra

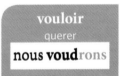

vouloir
querer
nous voudrons

devoir
deber
vous devrez

pleuvoir
llover
il pleuvra

recevoir
recibir
tu recevras

venir
venir
je viendrai

tenir
tener
tu tiendras

Formación del futur antérieur

El futur antérieur es un tiempo compuesto que equivale al futuro compuesto del español.

avoir/être en futur simple + participio pasado del verbo

manger comer			**partir** irse		
	verbo auxiliar en **futur simple**	participio pasado		verbo auxiliar en **futur simple**	participio pasado
	avoir haber	**mangé** comido		**être** ser	**parti** ido
j'	aurai	mangé	je	serai	parti(e)
tu	auras	mangé	tu	seras	parti(e)
il / elle / on	aura	mangé	il / elle / on	sera	parti(e)(s)
nous	aurons	mangé	nous	serons	parti(e)s
vous	aurez	mangé	vous	serez	parti(e)s
ils / elles	auront	mangé	ils / elles	seront	parti(e)s

À six heures de l'après-midi, nous aurons joué.
A las seis de la tarde, nosotros habremos jugado.

150

Concordancia del participio pasado

Las reglas de concordancia del **participio pasado** son **las mismas** que con el passé composé y el **plus-que-parfait**:

Cuando el

futur antérieur

va con
avoir

el **participio pasado** es **invariable.**

Nous **aurons réparé** les vélos.
Nosotros habremos reparado las bicicletas.

Por otro lado, cuando un **objeto directo precede** a **avoir** conjugado

entonces el **participio pasado** concuerda **en género y número** con el **objeto directo**.

Nous les **aurons réparés**.
Nosotros las habremos reparado.

Cuando el

futur antérieur

va con
être

entonces el **participio pasado** concuerda **en género y número** con el **sujeto**.

Barbara **sera arrivée**.
Barbara habrá llegado.

Barbara et Hugues **seront arrivés**.
Barbara y Hugues habrán llegado.

El condicional

Formación del conditionnel présent

Las terminaciones del condicional son las mismas
que las del imparfait, con una -r delante:
-rais, -rais, -rait, -rions, -riez, -raient.

	voyager viajar		**apprendre** aprender		**découvrir** descubrir	
	Raíz	**Term.**	Raíz	**Term.**	Raíz	**Term.**
Condicional	voyag	**er**	apprend	**re**	découvr	**ir**
	viaj	ar	aprend	er	descubr	ir
je	voyage	**rais**	apprend	**rais**	découvri	**rais**
tu	voyage	**rais**	apprend	**rais**	découvri	**rais**
il / elle / on	voyage	**rait**	apprend	**rait**	découvri	**rait**
nous	voyage	**rions**	apprend	**rions**	découvri	**rions**
vous	voyage	**riez**	apprend	**riez**	découvri	**riez**
ils / elles	voyage	**raient**	apprend	**raient**	découvri	**raient**

Según sea la
terminación
del infinitivo, el
condicional
se forma siguiendo
este patrón:

verbos regulares

infinitivo **-er** ❯ **je** presente **e-**

infinitivo **-re** ❯ infinitivo **-(re)**

infinitivo **-ir** ❯ infinitivo **i-(r)**

rais
rais
rait
rions
riez
raient

No hay
cambio en las
terminaciones.

J'aimerais partir en vacances.
Me gustaría irme de vacaciones.

Si elle pouvait, elle **jouerait.**
si ella pudiera, jugaría.

Verbos acabados en -er

En los verbos acabados en **-er**, las terminaciones del condicional se añaden a la **1.ª persona del singular del presente**.

Recuerda: el condicional siempre termina en -**erais**, etc.

¡Atención a la excepción! En los verbos con cambios de raíz, las terminaciones del condicional se añaden al **infinitivo sin r**, por ejemplo:

Infinitivo	1.ª pers. sing. del presente	
donner dar		je **donne**
	Infinitivo	je **donne** rais
acheter comprar		j'**achète**
	Infinitivo	tu **achète** rais
jeter tirar		je **jette**
	Infinitivo	il **jette** rait

Infinitivo	Infinitivo sin r	
espérer esperar		espére ~~r~~
	Infinitivo	j' **espére** rais

Verbos acabados en -re

En los verbos acabados en **-re**, se añaden las terminaciones del futuro directamente a la **raíz del infinitivo**.

Infinitivo	raíz del infinitivo	
prendre coger		prend ~~re~~
	Infinitivo	je **prend** rais
lire leer		li ~~re~~
	Infinitivo	tu **li** rais
boire beber		boi ~~re~~
	Infinitivo	il **boi** rait

Verbos acabados en -ir

En los verbos acabados en **-ir**, se añaden las terminaciones del futuro al **infinitivo sin r**.

Recuerda: el condicional siempre termina en -**irais**, etc.

Condicional	Infinitivo sin r	
choisir elegir		choisi ~~r~~
	Infinitivo	je **choisi** rais
partir irse		parti ~~r~~
	Infinitivo	tu **parti** rais
finir acabar		fini ~~r~~
	Infinitivo	il **fini** rait

Verbos irregulares

Los cambios en la raíz de los **condicionales** son los mismos que los del futuro.

En los verbos irregulares **cambia la raíz del verbo**.

Las terminaciones regulares de los condicionales se mantienen.

avoir
haber
j'**au**rais

être
ser / estar
tu **se**rais

aller
ir
il **i**rait

faire
hacer
elle **fe**rait

mourir
morir
ils **mour**raient

courir
correr
elle **cour**rait

pouvoir
poder
tu **pour**rais

voir
ver
je **ver**rais

envoyer
enviar
elle **enver**rait

savoir
saber
nous **sau**rions

falloir
hacer falta
il **faud**rait

valoir
valer
il **vaud**rait

vouloir
querer
elle **voud**rait

devoir
deber
vous **dev**riez

pleuvoir
llover
il **pleuv**rait

recevoir
recibir
tu **recev**rais

venir
venir
je **viend**rais

tenir
tener
tu **tiend**rais

La formación del conditionnel passé

El conditionnel passé es un tiempo compuesto equivalente al condicional compuesto del español.

avoir/être en conditionnel présent   +   participio pasado del verbo

dire decir				aller gehen		
	verbo auxiliar en conditionnel présent	**Partizip Perfekt**			**verbo auxiliar** en conditionnel présent	**participio pasado**
	avoir haber	**dit** dicho			**être** ser	**allé** ido
j'	aurais	dit		je	serais	allé(e)
tu	aurais	dit		tu	serais	allé(e)
il / elle / on	aurait	dit		il / elle / on	serait	allé(e)(s)
nous	aurions	dit		nous	serions	allé(e)s
vous	auriez	dit		vous	seriez	allé(e)s
ils / elles	auraient	dit		ils / elles	seraient	allé(e)s

Il aurait voulu devenir artiste.
Él habría querido ser artista.

Concordancia del participio pasado

Las reglas para **adaptar** el participio pasado son **las mismas** que con el passé composé, **el** plus-que-parfait y el futur antérieur:

Cuando el

conditionnel passé
va con
avoir

El participio pasado **es invariable**.

Si j'avais su, j'aurais invité des amis.
Si yo lo hubiera sabido, habría invitado a unos amigos.

Sin embargo, cuando un objeto directo precede a **avoir** conjugado

entonces el participio pasado **concuerda en género y número** con el **objeto directo**.

Je les aurais invités.
Yo los habría invitado.

Cuando el

conditionnel passé
va con
être

entonces el participio pasado **concuerda en género y número** con el **sujeto**.

Valérie se serait amusée.
Valérie se habría divertido.

Valérie et Frank se seraient amusés.
Valérie y Frank se habrían divertido.

Formación del participe passé

El **participio pasado** (**participe passé**) se utiliza con un **verbo auxiliar** (**avoir** haber o **être** ser / estar) para formar los siguientes tiempos:

Tiempo	Verbo auxiliar en
passé composé	présent
plus-que-parfait	imparfait
futur antérieur	futur simple
conditionnel passé	conditionnel présent
subjonctif passé	subjonctif

Participios regulares

Verbos acabados en -er

En los verbos acabados en **-er** se sustituye la terminación del infinitivo **-er** por **-é**.

infinitivo **-er** ❯ **é**

rêver	infinitivo	rêv e~~r~~
soñar	participio pasado	rêv é

Verbos acabados en -ir

En los verbos acabados en **-ir** se sustituye la terminación del infinitivo **-ir** por **-i**.

infinitivo **-ir** ❯ infinitivo **-i**

dormir	infinitivo	dorm i~~r~~
dormir	participio pasado	dorm i

Verbos acabados en -re

En los verbos acabados en **-re** se sustituye la terminación del infinitivo **-re** por **-u**.

infinitivo **-re** ❯ infinitivo **-u**

attendre	infinitivo	attend ~~re~~
esperar	participio pasado	attend u

Los participios irregulares más importantes

avoir	être	faire	naître
eu	été	fait	né

pouvoir	devoir	savoir	voir
pu	dû	su	vu

vouloir	valoir	falloir	recevoir
voulu	valu	fallu	reçu

pleuvoir	plaire	boire	croire
plu	plu	bu	cru

connaître	lire	vivre	résoudre
connu	lu	vécu	résolu

courir	ouvrir	mourir	craindre
couru	ouvert	mort	craint

rire	suivre	prendre	mettre
ri	suivi	pris	mis

dire	écrire	conduire
dit	écrit	conduit

Formación del participio presente

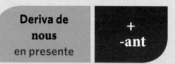
Así se forma el participio presente (ejemplos):

infinitivo	1.ª pers. plural del presente			participio presente
parler	nous	**parl**	ons	**parl**ant
prendre	nous	**pren**	ons	**pren**ant
aller	nous	**all**	ons	**all**ant
dormir	nous	**dorm**	ons	**dorm**ant
finir	nous	**finiss**	ons	**finiss**ant
faire	nous	**fais**	ons	**fais**ant

Las únicas **formas irregulares** son:

infinitivo	participio presente
avoir	**ay**ant
être	**ét**ant
savoir	**sach**ant

La formación del gerundio

El gerundio consiste en:

preposición		participio presente
en	**+**	**-ant**

y se combina con todos los tiempos. A veces no se puede traducir directamente al español y hay que utilizar algunos giros.

Présent
Il se douche en **sifflotant**.
Él silba mientras se ducha (se ducha silbando).

Imparfait
Elle l'attendait en **rêvant**.
Ella, en sueños (soñando), lo esperaba.

Passé composé
Il est arrivé en **souriant**.
Él ha llegado sonriendo.

Plus-que-parfait
Ils s'étaient rencontrés en **travaillant**.
Ellos se habían conocido mientras trabajaban (trabajando).

Passé simple
Ils vécurent ensemble en **s'aimant**.
Vivían juntos y se amaban (amándose).

Futur proche
Ils vont rire en **mangeant**.
Ellos se van a reír mientras comen (comiendo).

Futur simple
Ils seront heureux en **voyageant**.
Ellos serán felices viajando.

Futur antérieur
Ils se seront embrassés en **dansant**.
Ellos se habrán besado mientras bailan (bailando).

Formación del impératif

El **imperativo** se usa para dar órdenes o advertencias.
Con s'il te plaît /s'il vous plaît son peticiones.

El imperativo se forma como el presente, pero a veces
la 2.ª persona del singular pierde la -**s**.

infinitivo	imperativo		
	tú	nosotros/as	vosotros/as, usted(es)
parler	parle	parlons	parlez
descendre	descends	descendons	descendez
dormir	dors	dormons	dormez
choisir	choisis	choisissons	choisissez
faire	fais	faisons	faites

y solo tiene unas **pocas formas irregulares:**

infinitivo	imperativo		
	tú	nosotros/as	vosotros/as, usted(es)
aller	va	allons	allez
vouloir	veuille	voulons	veuillez
avoir	aie	ayons	ayez
être	sois	soyons	soyez
savoir	sache	sachons	sachez

Si los pronombres **en** o **y** siguen a un imperativo que termina en vocal, se
añade una -s al imperativo para facilitar la pronunciación:

Vas-y ! ¡Ve! / ¡Vete!
Parles-en à Isabelle ! ¡Díselo a Isabelle!

El **imperativo singular** está dirigido a una sola persona a la que se tutea.

Dors bien mon lapin !
¡**Duerme** bien, cariño!

En el caso de los verbos reflexivos en **imperativo singular**, el **pronombre reflexivo** se convierte en **toi**.

réveille-toi
despiértate

lève-toi
levántate

habille-toi
vístete

brosse-toi les dents
cepíllate los dientes

imperativo singular

= je présent — -toi

forma nosotros (nous)

= nous présent

El imperativo en la forma nosotros está dirigido a un grupo de personas al que tú también perteneces.

Dépêchons-nous !
¡**Démonos** prisa!

Faisons vite !
¡**Hagámoslo** rápido!

El **imperativo** en la forma vosotros y la forma usted está dirigido a una persona a la que tratas de usted o a un grupo de personas (al que se tutea o se trata de usted)

Asseyez-vous Madame, s'il vous plaît !
Siéntese, señora, por favor.

Amusez-vous bien mes chéries !
Divertíos mucho, queridos.

forma vosotros / usted (vous)

= vous présent

-moi

En imperativo el **pronombre de objeto indirecto de la 1.ª persona** se convierte en **moi**, por ejemplo:

Donnez-moi du temps, s'il vous plaît !
¡**Dadme** / **De**me un momento, por favor!

La formación del subjonctif présent

Las **terminaciones** del subjonctif présent son **regulares**
y se aplican a **todos los verbos regulares e irregulares**.
Las irregularidades en las raíces son las mismas que en el presente.

¿Cuándo? **que** subjonctif

Las terminaciones del subjonctif son las mismas en los tres grupos de verbos:
-e, -es, -e, -ions, -iez, -ent.

attendre esperar				
		Raíz	**Term.**	¡Fácil de aprender! Las terminaciones de la 1.ª, 2.ª, 3.ª persona del singular y la 3.ª persona del plural son idénticas a las terminaciones del presente de los verbos acabados en -er. Las terminaciones de la 1.ª y 2.ª persona del plural corresponden a las terminaciones del imparfait.
		attend	**re**	
		esper	ar	
Il veut que	j'	attend	e	
Il veut que	tu	attend	es	
Il veut qu'	il / elle / on	attend	e	
Il veut que	nous	attend	ions	
Il veut que	vous	attend	iez	
Il veut qu'	ils / elles	attend	ent	

La formación del subjonctif présent

Para la mayoría de los verbos, regulares e irregulares, las terminaciones se añaden a la raíz del presente de la **3.ª persona del plural**:

infinitivo	3.ª pers. plural presente		subjonctif	
parler	ils	**parl** ent	que je	**parl**e
mettre	ils	**mett** ent	que tu	**mett**es
partir	ils	**part** ent	qu'il	**part**e
finir	ils	**finiss** ent	qu'elle	**finiss**e
dire	ils	**dis** ent	qu'on	**dis**e
connaître	ils	**connaiss** ent	que nous	**connaiss**ions
plaire	ils	**plais** ent	que vous	**plais**iez
vivre	ils	**viv** ent	qu'ils	**viv**ent
écrire	ils	**écriv** ent	qu'elles	**écriv**ent

Elle a peur qu'il tombe.
Ella tiene miedo de que él se caiga.

Las irregularidades del subjonctif

Las diferencias entre las formas que tienen la raíz o las terminaciones tónicas, que ya conoces del **présent** de los verbos que acaban en -**ayer**, -**oyer**, -**uyer**, son las **mismas** en el Subjonctif.

–y › –i
en la 1.ª, 2.ª y 3.ª persona del singular y la 3.ª persona del plural.

	Raíz	Term.	Raíz	Term.	Raíz	Term.
	pay	**er**	nettoy	**er**	essuy	**er**
	pag	ar	limpi	ar	sec	ar
que je	pai	e	nettoi	e	essui	e
que tu	pai	es	nettoi	es	essui	es
qu'il / elle / on	pai	e	nettoi	e	essui	e
que nous	pay	ions	nettoy	ions	essuy	ions
que vous	pay	iez	nettoy	iez	essuy	iez
qu'ils/ elles	pai	ent	nettoi	ent	essui	ent

Las irregularidades del subjonctif

Lo mismo se aplica a los verbos que acaban en -e (o é) + consonante + er,
por ejemplo: **acheter**, **preferer**, **jeter** y **appeler**:
Las irregularidades del **présent**
simplemente se repiten en el subjonctif.

-e/-é > -è   -t-/-l- > -tt-/-ll-
en la 1.ª, 2.ª y 3.ª persona del singular y en la 3.ª persona del plural.

	Raíz	**Term.**	Raíz	**Term.**	Raíz	**Term.**
	achet	**er**	préfér	**er**	jet	**er**
	compr	ar	prefer	ir	tir	ar
que j' (je)	achèt	e	préfèr	e	jett	e
que tu	achèt	es	préfèr	es	jett	es
qu'il / elle / on	achèt	e	préfèr	e	jett	e
que nous	achet	ions	préfér	ions	jet	ions
que vous	achet	iez	préfér	iez	jet	iez
qu'ils/ elles	achèt	ent	préfèr	ent	jett	ent

167

Para los verbos que cambian en
presente en la 1.ª y 2.ª persona del plural (**nous** nosotros/-as y
vous vosotros/-as/usted) este cambio en la raíz se mantiene en el subjonctif.

Verbos acabados en **-oir** y algunos verbos acabados en **-ir** **-re**	**acquérir** adquirir	que j'acquière, **que nous** acquérions
	mourir morir	que je meure, **que nous** mourions
	tenir tener	que je tienne, **que nous** tenions
	venir venir	que je vienne, **que nous** venions
	décevoir decepcionar	que je déçoive, **que nous** décevions
	devoir deber	que je doive, **que nous** devions
	recevoir recibir	que je reçoive, **que nous** recevions
	voir ver	que je voie, **que nous** voyions
	boire beber	que je boive, **que nous** buvions
	croire creer	que je croie, **que nous** croyions

	Raíz	**Term.**	Derivado del presente
	prend nehm	**re** en	
que je	prenn	e	‹ ils prennent
que tu	prenn	es	‹ ils prennent
qu'il / elle / on	prenn	e	‹ ils prennent
que nous	**pren**	ions	‹ **nous prenons**
que vous	**pren**	iez	‹ **vous prenez**
qu'ils / elles	prenn	ent	‹ ils prennent

Algunos verbos son irregulares en subjonctif:

avoir	être	aller
que j'aie	que je sois	que j'aille
que tu aies	que tu sois	que tu ailles
qu'il/elle/on ait	qu'il/elle/on soit	qu'il/elle/on aille
que nous ayons	que nous soyons	que nous allions
que vous ayez	que vous soyez	que vous alliez
qu'ils/elles aient	qu'ils/elles soient	qu'ils/elles aillent

faire	falloir	pleuvoir
que je fasse	-	-
que tu fasses	-	-
qu'il/elle/on fasse	qu'il faille	qu'il pleuve
que nous fassions	-	-
que vous fassiez	-	-
qu'ils/elles fassent	-	-

pouvoir	savoir	vouloir
que je puisse	que je sache	que je veuille
que tu puisses	que tu saches	que tu veuilles
qu'il/elle/on puisse	qu'il/elle/on sache	qu'il/elle/on veuille
que nous puissions	que nous sachions	que nous voulions
que vous puissiez	que vous sachiez	que vous vouliez
qu'ils/elles puissent	qu'ils/elles sachent	qu'ils/elles veuillent

Formación del subjonctif passé

 Tiempo compuesto

subjonctif passé
con
avoir haber

travailler trabajar		
	verbo auxiliar en subjonctif	**participio pasado**
	avoir haber	**travaillé** trabajado
que j'	aie	travaillé
que tu	aies	travaillé
qu'il / elle / on	ait	travaillé
que nous	ayons	travaillé
que vous	ayez	travaillé
qu'ils / elles	aient	travaillé

La **concordancia** del **participio pasado** es **la misma** que en el passé composé.

Cuando el **subjonctif passé** va con **avoir**

el **participio pasado** es **invariable.**

C'est dommage qu'elle ait **mangé** ces fruits.
Es una pena que ella haya **comido** esas frutas.

Sin embargo, cuando un objeto directo **precede** a **avoir** conjugado

entonces el **participio pasado** concuerda **en género y número** con el **objeto directo**.

C'est dommage qu'elle les ait **mangés.**
Es una pena que ella las haya **comido**.

subjonctif passé

con

être ser / estar / haber

sortir salir		
	verbo auxiliar en subjonctif	participio pasado
	être haber	**sorti** ido
que je	sois	sorti(e)
que tu	sois	sorti(e)
qu'il / elle / on	sois	sorti(e)(s)
que nous	soyons	sorti(e)s
que vous	soyez	sorti(e)s
qu'ils / elles	soient	sorti(e)s

La **concordancia** del **participio pasado** es **la misma** que en el passé composé.

Cuando el

subjonctif passé
va con
être

C'est dommage

entonces el **participio pasado** concuerda **en género y número** con el **sujeto**.

... qu'elle soit **tombée** malade.
Es una pena que ella haya caído enferma.

... que Léon et Léa soient **tombés** malades.
..., que Léon y Léa hayan caído enfermos.

Formación de la voz pasiva

La voz pasiva **(le passif)**
se forma con el verbo **être** ser / estar
+
el **participio pasado** del verbo
por ejemplo:
Je **suis interrogé.** Yo soy entrevistado.

interroger interrogar			
Pasiva (siempre con **être**)	**verbo auxiliar** en présent	**participio pasado**	De nuevo, la **concordancia** del **participio pasado** es **la misma** que en todos los tiempos compuestos.
	être ser	**interrogé** entrevistado	
je	**suis**	interrogé(e)	
tu	**es**	interrogé(e)	
il / elle / on	**est**	interrogé(e)(s)	
nous	**sommes**	interrogé(e)s	
vous	**êtes**	interrogé(e)s	
ils / elles	**sont**	interrogé(e)s	

En la pasiva > el **participio pasado concuerda en género y número** con el **sujeto.**

La fête est annulée.
La fiesta es anulada.

La voz pasiva se puede formar en todos los tiempos y modos.

El verbo **être** ser / estar en el tiempo / modo correspondiente

+

el **participio pasado** del verbo principal.

Todos los tiempos en pasiva			
+ il	était	**interrogé**	imparfait
+ il	a été	**interrogé**	passé composé
+ il	avait été	**interrogé**	plus-que-parfait
+ il	fut	**interrogé**	passé simple
+ il	va être	**interrogé**	futur proche
+ il	sera	**interrogé**	futur simple
+ il	aura été	**interrogé**	futur antérieur
+ il	serait	**interrogé**	conditionnel présent
+ il	aurait été	**interrogé**	conditionnel passé
+ il faut qu'il	soit	**interrogé**	subjonctif
+ il faudrait qu'il	ait été	**interrogé**	subjonctif passé

La preposición **par** indica el autor de la acción.

pasiva   **par**   autor de la acción

Elle a été interrogée **par** la prof.

Ella ha sido entrevistada **por** la profesora.

9 Tiempos y modos

¿**Cuándo** los utilizo?

¿**A qué** debo prestar especial atención?

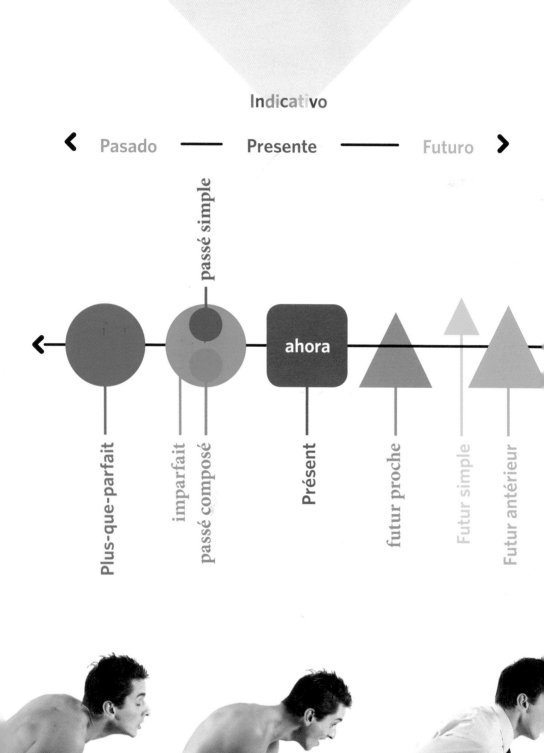

Indicativo

❮ Pasado ⟶ Presente ⟶ Futuro ❯

passé simple

ahora

Plus-que-parfait

imparfait
passé composé

Présent

futur proche

Futur simple

Futur antérieur

Condicional

Pasado   **Presente**

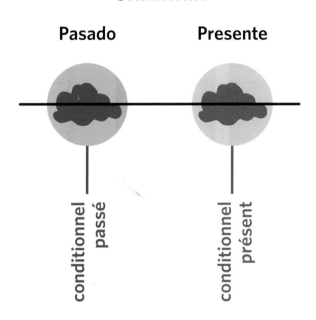

conditionnel passé   conditionnel présent

subjonctif

Introducido por:

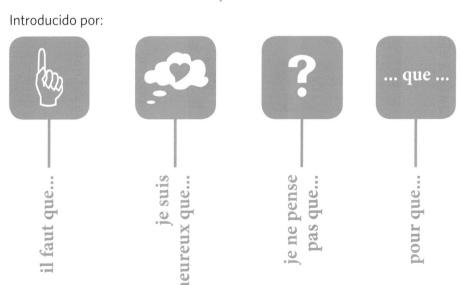

il faut que…

je suis heureux que…

je ne pense pas que…

pour que…

177

Uso de los tiempos

Uso del présent

Pasado   Futuro

←————————————————— **Présent** —————————————————→

El **présent** es un tiempo verbal que indica que algo sucede en la actualidad.

Se utiliza para: **acontecimientos** o **situaciones**

Il **roule** en voiture
Él **viaja** en coche.

Il **a** une voiture rouge.
Él **tiene** un coche rojo.

Il ne **sait** pas tourner.
Él no **sabe** girar.

repeticiones y hábitos

Tous les jours,
je me **lève** à 5 heures.
Todos los días
me **levanto** a las 5.

Je ne **prends** jamais
de petit-déjeuner.
Nunca desayuno.

cosas universales

La vie **est** pleine
de surprises.
La vida **está** llena de
sorpresas.

179

Uso del imparfait

Pasado

Contexto: imparfait

El **imparfait** es un tiempo del **pasado**.
Se utiliza para dar **información de contexto** sobre:

acontecimientos o situaciones

Il **était** une fois une princesse.
Había una vez una princesa.

Elle **vivait** dans un château avec ses parents.
Ella **vivía** en un castillo con sus padres.

hábitos

Elle **était** toujours sage et **aimait** explorer.
Ella **era** lista y le **gustaba** mucho explorar.

Uso del passé composé

Pasado

Contexto:
imparfait

Acontecimiento:
passé composé

El **passé composé** también es un tiempo del pasado. Aunque equivale al pretérito perfecto en español, su uso coincide a menudo con el indefinido. Se utiliza para dar información sobre:

acciones y eventos únicos

Un jour, ses parents sont sortis et elle a visité le château.
Un día sus padres se fueron y ella visitó el castillo.

Acciones sucesivas (denominadas cadenas de acción)

Elle s'est piqué le doigt, a crié, est tombée et s'est endormie.
Ella se pinchó el dedo, gritó, se cayó y se durmió.

Uso del plus-que-parfait

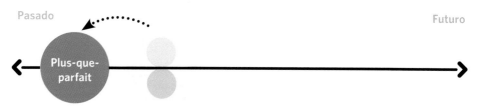

Pasado   Futuro

El **plus-que-parfait** es también un tiempo del **pasado**.
Indica un hecho pasado **anterior** a otro.

Expresa:

acontecimientos
o
situaciones

anteriores a otras que ya se habían **completado** en el pasado.

por ejemplo, con respecto al passé composé

Quand elle s'est endormie,
le prince n'était pas encore né.
Cuando se quedó dormida, el príncipe
aún no había nacido.

o al
imparfait

Pendant qu'elle dormait,
le monde avait changé.
Mientras ella dormía, el mundo
había cambiado.

Uso del passé simple

Pasado   Futuro

El **passé simple** es también un tiempo del pasado.
Se utiliza casi exclusivamente en el lenguaje literario.

Se usa en los mismos casos que el
passé composé.

Contexto: Acontecimiento:
imparfait   passé simple

El passé simple actualmente se usa solo en novelas, libros de historia o artículos periodísticos. Así que solo tienes que reconocerlo y ser capaz de entenderlo.

acciones y **eventos únicos**

Soudain le prince **arriva**.
De repente **llegó** el príncipe.

acciones sucesivas

Il **entra**, la **vit**, l'**embrassa** et elle se **réveilla**.
Él **entró**, la **vio**, la **besó** y ella se **despertó**.

Uso del futur proche y futur simple

El **futur proche** se utiliza para el futuro cercano.

Se usa muy a menudo y se refiere al:

futuro próximo

Maintenant, je **vais laver** les carreaux.

Ahora **voy a lavar** los cristales.

El **futur simple** se utiliza para el futuro más lejano.

Denota: **acontecimientos futuros**

Quand je **serai** grande, je **serai** fée.

Cuando yo sea mayor, seré un hada

y se encuentra: **en la oración principal de una oración condicional real**

Si tu réussis ton bac, tu **feras** des études.

Si apruebas tu bachillerato, estudiarás.

Como regla general, el futur simple se utiliza en el lenguaje escrito. En el lenguaje hablado se utilizan ambos: futur proche y futur simple.

Uso del futur antérieur

Pasado

Futuro

Futuro antérior

El futur antérieur se refiere a una acción del futuro que ya se ha completado **antes** de otro evento en el futuro.

Pasado en el futuro

Demain, je me reposerai quand j'aurai terminé mon travail.

Mañana descansaré cuando haya acabado mi trabajo.

Uso del conditionnel présent

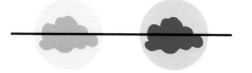

El **conditionnel présent** se utiliza para:

Peticiones

Pourriez-vous m'aider, s'il vous plaît ?
¿**Podría** ayudarme, por favor?

Deseos

Elle **voudrait** avoir un chat.
Ella **querría** tener un gato.

Consejos

À votre place, j'**achèterais** une voiture.
En vuestro lugar, yo **compraría** un coche.

Posibilidad

On **pourrait** faire un pique-nique, non ?
Podríamos hacer un pic-nic, ¿no?

Hipótesis

Apparemment, Morgat **serait** à cent kilomètres d'ici.
Aparentemente, Morgat **estaría** a 100 kilómetros de aquí.

Uso del **conditionnel passé**
se utiliza **después de una oración principal irreal en el presente**

Condicional irreal presente

si + oración irreal en imparfait **>** oración ppal.: conditionnel présent

Si tu étais une fée,
Si fueras un hada,

nous n'aurions plus d'embouteillages.
no **tendríamos** más atascos de tráfico.

¡Atención!
La oración condicional se forma con el imparfait (en español, sin embargo, lo hace con el pretérito imperfecto de subjuntivo).

Uso del conditionnel passé

El **conditionnel passé** se usa **después de una oración principal irreal en el pasado**:

Condicional irreal pasado

si + oración irreal en plus-que-parfait **>** oración principal: conditionnel passé

Si j'avais eu des ailes,
Si **hubiera tenido** alas,

j'aurais fait le tour du monde.
habría dado la vuelta al mundo.

¡Atención!
La oración condicional se forma con el **plus-que-parfait** (en español, sin embargo, lo hace con el pluscuamperfecto de subjuntivo).

Uso del participio presente

El **participio presente** se utiliza
principalmente en el lenguaje escrito en:

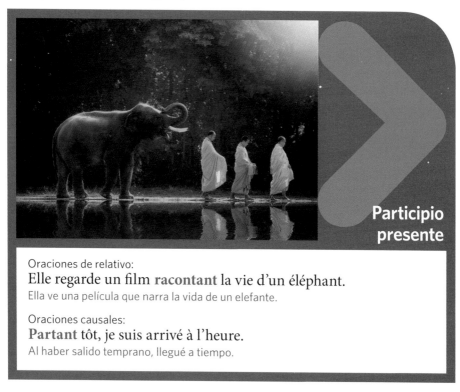

Participio presente

Oraciones de relativo:
Elle regarde un film **racontant** la vie d'un éléphant.
Ella ve una película que narra la vida de un elefante.

Oraciones causales:
Partant tôt, je suis arrivé à l'heure.
Al haber salido temprano, llegué a tiempo.

En el **lenguaje hablado**, a menudo se sustituye por:

una **oración de relativo con qui**

Elle regarde un film **qui raconte** la vie d'un éléphant.
Ella ve una película que narra la vida de un elefante.

una **oración causal con comme**

Comme je suis parti tôt, je suis arrivé à l'heure.
Como salí temprano, llegué a tiempo.

Uso del gerundio

El gerundio es una **abreviatura práctica** para oraciones
que a menudo se pueden redactar de manera diferente.

modo y manera

¡Atención!
Un gerundio en la **oración subordinada**
siempre tiene el **mismo sujeto** que el de la
oración principal:

Sujeto

Il va au bureau en dansant.

Él va a la oficina bailando.

Simultaneidad

Il mange en téléphonant.
Él come hablando por teléfono.

En el caso de la simultaneidad, el gerundio
se puede sustituir por:

pendant que + o. subordinada

Il mange **pendant qu'**il téléphone.
Él come **mientras** habla por teléfono.

Consecuencia

En regardant la télé, il ne peut pas lire.
Viendo la tele él no puede leer.

En este caso, el gerundio se puede sustituir por:

si / quand + o. subordinada

S'il regarde la télé, il ne peut pas lire.
Si ve la tele, él no puede leer.

Se puede
utilizar con
todos los
tiempos:

En regardant la télé, il ne peut / pourrra / pourrait pas lire.
Viendo la tele él no puede / podrá / podía leer.

Uso del subjonctif

El subjonctif sigue automáticamente a ciertos **verbos y frases con que.**

Las palabras y expresiones que introducen el subjonctif se pueden dividir en **4 categorías**:

Introducen el subjonctif

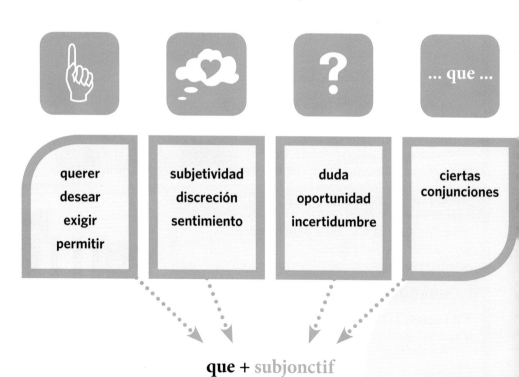

querer **desear** **exigir** **permitir**	**subjetividad** **discreción** **sentimiento**	**duda** **oportunidad** **incertidumbre**	**ciertas conjunciones**

que + subjonctif

Los tres primeros grupos pueden ser:

formas personales   así como   giros impersonales

je veux que...
quiero que...

il faut que...
es necesario / hace falta que...

je préfère que...
prefiero que...

c'est étonnant que...
es sorprendente que...

je doute que...
dudo que...

il est possible que...
es posible que...

Primer desencadenante del subjonctif

con los verbos
en la forma **personal**

querer
desear
exigir
permitir

J'exige que ce travail **soit** fini dans une heure.
Exijo que este trabajo se **termine** en una hora.

Je **ne veux** pas **que** tu **partes**.
No quiero que te **vayas**.

... que	... que
exiger	exigir
ordonner	ordenar
vouloir	querer
vouloir bien	querer
demander	preguntar
proposer	proponer
conseiller	aconsejar
suggérer	sugerir
recommander	recomendar
souhaiter	desear
désirer	ansiar
avoir envie	tener ganas
supplier	suplicar

... que	... que
interdire	prohibir
refuser	rechazar
éviter	evitar
empêcher	impedir
permettre	permitir
accepter	aceptar

con expresiones
impersonales

querer
desear
exigir
permitir

Il pleut ! **Il faut que** tu prennes ton parapluie.
Llueve. **Es necesario que** cojas el paraguas.

il… que es… que	
faut	necesario
(m') importe	importante
suffit	suficiente
vaut mieux	mejor
convient	conveniente

il est… que es… que	
souhaitable	deseable
temps	hora de
urgent	urgente
nécessaire	necesario
indispensable	indispensable
essentiel	esencial

Segundo desencadenante del subjonctif

con los verbos
en la forma personal

juicio subjetivo
sentimiento subjetivo

Este grupo incluye, entre otros:

… que … que	
aimer	amar
adorer	adorar
admirer	admirar
apprécier	apreciar
préférer	preferir
aimer mieux	gustar más
détester	odiar
comprendre	entender
concevoir	concebir
s'étonner	sorprenderse
se réjouir	regocijarse
craindre	temer
avoir peur	tener miedo
avoir honte	tener vergüenza

… que … que	
approuver	aprobar
désapprouver	desaprobar
critiquer	criticar
s'indigner	indignarse
supporter	soportar
tolérer	tolerar
souffrir	sufrir
attendre	esperar
regretter	lamentar
déplorer	lamentar

… que … (de) que	
être content	estar contento
être heureux	ser feliz
être satisfait	estar satisfecho
être étonné	estar asombrado
être surpris	estar sorprendido
être triste	estar triste
être déçu	estar decepcionado
être désolé	lamentar

… que … que	
trouver bon	parecer bien
trouver important	parecer importante
trouver curieux	parecer curioso
trouver bizarre	parecer raro
trouver mauvais	parecer mal

con expresiones
impersonales

juicio subjetivo
sentimiento subjetivo

Je **suis heureux que** vous goûtiez ce whisky.
Me alegro de que pruebes este whisky

Ça m'étonne que vous n'aimiez pas mes lunettes.
Me sorprende que no te gusten mis gafas.

il est	es
c'est	es
je trouve	lo encuentro
il (me) semble	me parece
... que	... que
normal	normal
bon	bueno
mauvais	malo
étonnant	sorprendente
intéressant	interesante
important	importante
nécessaire	necesario
dommage	lástima
bizarre	extraño
absurde	absurdo

cela me/m'	me...
ça me/m'	
... que	... que
amuse	divierte
plaît	gusta
surprend	sorprende
gêne	molesta
inquiète	preocupa
énerve	enfada

Tercer desencadenante del subjonctif

con los verbos
en la forma **personal**

duda
posibilidad
incertidumbre

Je **ne suis pas sûr que**
ce soit mon portrait.
No estoy seguro de que sea mi retrato.

… que	… que
douter	dudar
nier	negar
contester	cuestionar
ne pas croire	no creer
ne pas penser	no pensar
ne pas estimer	no estimar
ne pas être sûr	no estar seguro
ne pas (s')imaginer	no imaginar(se)
ne pas trouver	no parecer
ne pas se rappeler	no recordar
ne pas espérer	no esperar

con expresiones
impersonales

duda
posibilidad
incertidumbre

Il est possible que
ce soit le même
chapeau.
Es posible que sea el mismo
sombrero.

... **que**	... que
il semble	parece
il y a des chances pour	hay posibilidades de
il est possible	es posible
il se peut	puede
il se pourrait	podría ser
il est peu probable / improbable	es poco probable / improbable
il est peu vraisemblable / invraisemblable	es poco creíble / inverosímil

¿Indicativo o subjuntivo?

¡Atención!
Dependiendo de su significado, algunas expresiones pueden requerir un modo diferente: indicativo o subjonctif. Si la expresión transmite más seguridad, se utiliza el indicativo. Y, si la expresión transmite más incertidumbre, el subjonctif.

| seguro | ! | | incierto |

+ indicativo	+ subjonctif
je crois que… yo creo que… **je pense que…** yo pienso que… **je me doute que…** yo dudo que… **il me semble que…** me parece que… **il est certain que…** es seguro que… **il est évident que…** es evidente que …	**je ne crois pas que…** no creo que… **je ne pense pas que…** no pienso que… **je doute que…** dudo que… **il semble que…** parece que… **il n'est pas certain que…** no es seguro que… **il n'est pas évident que…** no es evidente que…

Je **crois que** je le fais.
Creo que (sí) lo **hago**.

Je **ne crois pas que** je le fasse.
No creo que lo haga.

En el caso de los verbos declarativos o del habla, se utiliza el subjonctif cuando van en **negativo**.

hablar	!	ne pas	no hablar

+ indicativo	+ subjonctif
dire que…	**ne pas dire que…**
decir que…	no decir que…
affirmer que…	**ne pas affirmer que…**
afirmar que…	no afirmar que…
assurer que…	**ne pas assurer que…**
asegurar que…	no asegurar que…
jurer que…	**ne pas jurer que…**
jurar que…	no jurar que…
constater que…	**ne pas constater que…**
constatar que…	no constatar que…
déclarer que…	**ne pas déclarer que…**
declarar que…	no declarar que…
prétendre que…	**ne pas prétendre que…**
pretender que…	no pretender que…
soutenir que…	**ne pas soutenir que…**
mantener que…	no mantener que…
avouer que…	**ne pas avouer que…**
admitir que…	no admitir que…

Je **dis que** je **sais** surfer.
Yo **digo que sé** surfear.

Je **ne dis pas que** je sache nager.
Yo **no digo que** sepa nadar.

Oraciones de relativo: ¿indicativo o subjonctif ?

Hipótesis subjonctif

El subjonctif se utiliza en una oración de relativo cuando se expresa una **hipótesis**, por ejemplo:

Il cherche une maison qui **soit** bon marché.

Él busca una casa que sea barata.

Realidad indicativo

El **indicativo** se utiliza en una oración de relativo cuando se expresa **un hecho**, por ejemplo:

Il a une maison qui **est** bon marché.

Él tiene una casa que **es** barata.

... que ...

Cuarto desencadenante del subjonctif: **conjunciones**

El subjonctif se utiliza después de algunas conjunciones, por ejemplo:

Conjunciones con que + subjonctif	
à condition que	con la condición de que
afin que	a fin de que
avant que... (ne)	antes de que... (no)
bien que	aunque
de peur que... (ne)	por miedo a que... (no)
par crainte que... (ne)	por temor a que... (no)
jusqu'à ce que	hasta que
malgré que	a pesar de que
pour que	para que
pourvu que	siempre que
quoique	aunque
sans que	sin que
supposé que	suponiendo

Hélène fait la cuisine,
bien qu' elle veuille
regarder la télé.
Hélène cocina, **aunque**
quiera ver la tele.

10 Tipos de oraciones

¿**Qué** tipos de oraciones hay en francés?

¿**Cuándo** uso cada una?

¿**Qué** expreso con cada tipo de oración?

¿**Qué** tengo que tener en cuenta para su formación?

Enunciativa

.... ∎

Interrogativa

Entonación

.... **?**

Est-ce que .... **?**

de inversión

.... **?**

con partículas interrogativas

qui
que
quand, où, comment, etc. **?**

De relativo   con

qui /ce qui
que /ce que
lequel...
dont
où

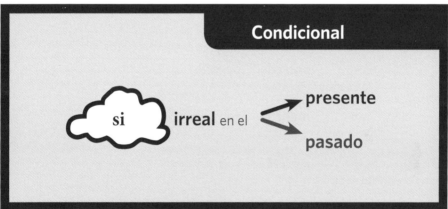

Condicional

si   **irreal** en el   presente
pasado

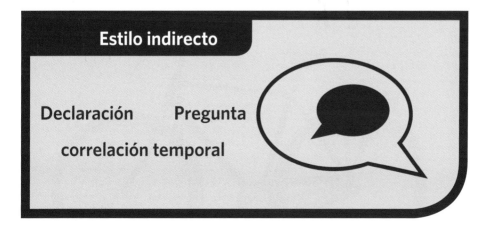

Estilo indirecto

Declaración   Pregunta

correlación temporal

205

La oración enunciativa

El francés tiene una estructura fija para la oración enunciativa:

S - V - O

(Sujeto - Verbo - Objeto)

Tiempo / Lugar	Sujeto	Verbo	Objeto directo	Objeto indirecto	Tiempo / Lugar
	Michel	**conduit.**			
	Michel conduce.				
	Jean	**possède**	un vélo.		
	Jean tiene una bicicleta.				
	Jean	**montre**	son vélo	à Michel.	
	Jean enseña su bicicleta a Michel.				
Hier,	Jean	**a prêté**	son vélo	à Michel.	
Ayer, Jean prestó su bicicleta a Michel.					
Demain,	Michel	**achètera**	un livre		sur le chemin de l'école.
Mañana, Michel comprará un libro de camino a la escuela.					

La oración interrogativa

En francés, hay tres formas diferentes
de formular una pregunta:

Entonación de pregunta	Pregunta con est-ce que	Pregunta de inversión

Le chat a faim ?
¿El gato tiene hambre?

Est-ce que le chat a faim ?
¿El gato tiene hambre?

A-t-il faim ?
¿Tiene hambre?

Además, también se hace una distinción entre las **preguntas de respuesta
cerrada (sí o no)** y las preguntas que requieren una partícula interrogativa, que
además no se pueden responder simplemente con un sí o un no.

Le chat a faim ? - **Oui./Non.**
– ¿El gato tiene hambre? – Sí. / No.

Où est le chat ? - Je ne sais pas.
– ¿Dónde está el gato? – No lo sé.

La entonación de pregunta

En este tipo de interrogativas, la posición de las palabras es la misma que en la oración enunciativa. La única diferencia es que la oración se pronuncia con un tono de interrogación, con tono ascendente al final de la oración.

¡Fácil!
Este tipo de interrogativas es muy simple y se usa a menudo en el francés hablado.

oración enunciativa + entonación

oración enunciativa

Le bleu me va bien.
El azul me queda bien.

pregunta

Le vert me va bien ?
¿El verde me queda bien?

Pregunta con est-ce que

Es muy simple: est-ce que se coloca antes de la oración enunciativa. En español, a veces, también comenzamos una pregunta con «¿Es que...?», aunque en francés se trata de una estructura mucho más frecuente.

est-ce que **+** oración enunciativa

Est-ce que
tu viens dîner ?
¿Vienes a cenar?

Est-ce qu'elle
vient dîner ?
¿Es que ella viene a cenar?

Delante de vocal o h muda est-ce que se convierte en est-ce qu'.

Por escrito parece más complicado de lo que es.

Pronuncia est-ce que como «es que» [ɛskə]
y est-ce qu' como «esk» [ɛsk].

La oración interrogativa con partícula interrogativa + est-ce que

El equivalente español a est-ce que, como ya has visto, sería «¿Es que...?».

¡Importante!
La pregunta con est-ce que es correcta y de uso común.

El orden es: partícula interrogativa - est ce que - oración enunciativa.

Partícula interrogativa	est-ce que	Oración enunciativa ?
Comment ¿Cómo	est-ce que	**tu t'appelles ?** te llamas?
D'où ¿De dónde	est-ce que	**tu viens ?** vienes?
Pourquoi ¿Por qué	est-ce que	**tu pleures ?** lloras?

¡Cuidado!
Delante de vocal o h muda, que se convierte en qu' y est-ce que se convierte en est-ce qu'.

Qu' est-ce qu'elle fait demain ?
¿Qué hace ella mañana?

La oración interrogativa con partícula interrogativa

Hay partículas interrogativas directas e indirectas, por ejemplo:

partículas directas	partículas indirectas
qui… ?	à qui… ?
que… ?	à quoi… ?
quand… ?	à quel(s), quelle(s)… ?
où… ?	à quelle heure… ?
comment… ?	de qui… ?
pourquoi… ?	de quoi… ?
combien… ?	d'où… ?
combien de temps… ?	depuis quand… ?
quel(s), quelle(s)… ?	

Combien est-ce que ça coute ?
¿Cuánto cuesta eso?

La oración interrogativa con **qui**

Con **qui** se pregunta por la **persona**.

¿quién?

Pregunta sobre el **sujeto**

Puedes **preguntar** por el **sujeto**
con qui o con qui est-ce qui.

qui   **qui** est-ce qui

Se pronuncia como
«kieski» [kiɛski].

Qui a peur du loup ?   **Qui** est-ce qui aime le loup ?
¿Quién tiene miedo del lobo?   ¿Quién quiere al lobo?

Cuando se **pregunta** por una
persona que no es el sujeto sino
el objeto, se usa:

Pregunta sobre
el **objeto directo**

Pregunta sobre el
objeto indirecto

qui + est-ce que
para un objeto directo

à qui + est-ce que
para un objeto indirecto

qui est-ce que

à qui est-ce que

Qui est-ce que tu photographies ?
¿A quién fotografías?

À qui est-ce que tu la donneras ?
¿A quién se la darás?

O con pregunta de inversión:

Qui cherchez-vous ?
¿A quién buscas?

À qui donnez-vous ces fleurs ?
¿A quién le das esas flores?

La oración interrogativa con que

Con **que** se pregunta por **cosas**.

Cuando se **pregunta** por una **cosa** que es el **sujeto de la oración**, se usa qu'est-ce qui.

Pregunta por el **sujeto**

Delante de vocal que se convierte en qu', también antes de est-ce que /qui.

qu' est-ce qui

Qu'est-ce qui s'est passé ?
¿Qué ha pasado?

Cuando se **pregunta** por una **cosa** que es el objeto de la oración, se usa:

Pregunta sobre el **objeto directo**

Pregunta sobre el **objeto indirecto**

qu'est-ce que
(que + est-ce que)
para un objeto directo

à quoi est-ce que
para un objeto indirecto

qu' est-ce que

à quoi est-ce que

Qu'est-ce que tu cherches ?
¿Qué buscas?

À quoi est-ce que tu penses ?
¿En qué piensas?

O con pregunta de inversión:

Que cherchez-vous ?
¿Qué buscas?

À quoi pensez-vous ?
¿En qué pensáis?

215

Los elementos se pueden ordenar de varias maneras:

Ante una oración enunciativa:

Partícula interrogativa	oración enunciativa?
À quoi	tu penses ?

¿En qué piensas?

Ante una pregunta de inversión:

Partícula interrogativa	pregunta de inversión?
À quoi	penses-tu ?

¿En qué piensas?

Ante est-ce que + oración enunciativa:

Partícula interrogativa	est-ce que oración enunciativa?
À quoi	est-ce que tu penses ?

¿En qué piensas?

Después de una oración enunciativa:
(común pero menos correcto)

Oración enunciativa	Partícula interrogativa
Tu penses	à quoi ?

¿En qué piensas?

Pregunta de inversión

La pregunta de inversión no se utiliza mucho en el francés hablado. La encontrarás principalmente en los textos escritos.

En una pregunta de inversión simplemente se intercambia la posición de los pronombres y los verbos y se pone un guion en medio.

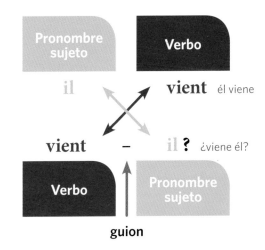

Pronombre sujeto · Verbo

il · **vient** él viene

vient – il **?** ¿viene él?

Verbo · Pronombre sujeto

guion

Il est fort.
Él es fuerte.

Est-il fort ?
¿Es fuerte?

La estructura de la pregunta con inversión es la siguiente:

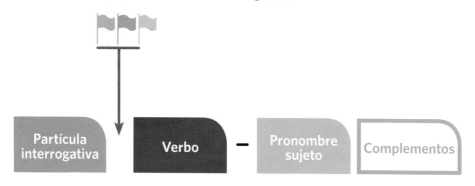

| Partícula interrogativa | Verbo | – | Pronombre sujeto | Complementos |

Es-tu en vacances ?
¿Estás de vacaciones?

Comment vas-tu ?
¿Cómo estás?

Quand peux-tu venir à Marseille ?
¿Cuándo puedes venir a Marsella?

Los pronombres reflexivos y los pronombres de objeto directo e indirecto van **delante** del verbo.

Me la donneras-tu ?
¿Me la darás?

Cuando la forma del verbo termina en **-a** o en **-e** se añade una **-t-** delante de **il**, **elle** y **on**.

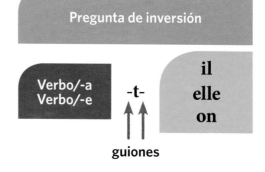

Pregunta de inversión

Verbo/-a
Verbo/-e

-t-

il
elle
on

guiones

A-t-il une nouvelle amie ?
¿Tiene él una nueva amiga?

Sustantivo como sujeto en la pregunta de inversión

Si el **sujeto no es un pronombre sino un sustantivo,** la oración afirmativa permanece igual, pero se añade al verbo el pronombre sujeto correspondiente por medio de un guion.

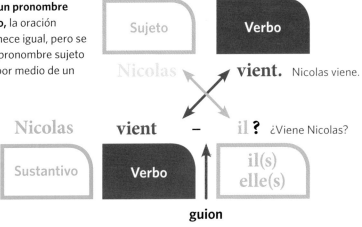

Nicolas viene.

¿Viene Nicolas?

guion

Ta lettre **est**-elle arrivée ?
¿Ha llegado tu carta?

Vincent **a-t**-il répondu ?
¿Te ha respondido Vincent?

Algunas preguntas cortas se utilizan en el lenguaje hablado como preguntas de inversión:

Comment allez-vous ?
¿Cómo está/-s?

Quelle heure est-il ?
¿Qué hora es?

La oración de relativo

La oración de relativo con qui / ce qui

El pronombre relativo qui introduce una oración de relativo en la que qui, al igual que su antecedente, es el **sujeto de la oración de relativo**.

Antecedente qui = sujeto de la oración de relativo

J'ai **un ami** qui m'aide beaucoup.
Tengo un amigo que me ayuda mucho.

Qui puede referirse tanto a **personas** como a **cosas**, por ejemplo:

Il a **des idées** qui m'intéressent.
Él tiene ideas que me interesan.

Cuando no hay un **antecendente**:

El pronombre relativo ce qui se usa para expresar lo que en español.

Antecedente →

ce qui

sujeto

J'aime ce qui l'intéresse.
Me gusta lo que le interesa.

Qui es invariable.

La oración de relativo con que / ce que

El pronombre relativo que introduce una oración de relativo en la que que, al igual que su antecedente, es el **objeto de la oración de relativo**.

Que es invariable y se convierte en qu' delante de vocal o de h muda.

Antecedente que = objeto de la oración de relativo

J'ai **un ami** que j'aime beaucoup.
Tengo un amigo al que quiero mucho.

Que puede referirse tanto a **personas** como a **cosas**, por ejemplo:

Je découvre **les choses** qu'il m'apprend.
Descubro las cosas que me enseña.

Cuando no hay un **antecedente**:

El pronombre relativo ce que se usa para expresar que en español.

Antecedente → ce que

Objeto

J'écoute ce que tu dis.
Escucho lo que dices.

Qui o **que**?

Un pequeño consejo: si detrás del pronombre relativo va un verbo, se utiliza **qui**; pero si lo que hay detrás es un sustantivo o un pronombre sujeto, entonces actúa como un objeto y se utiliza **que**.

La oración de relativo con dont

El pronombre relativo **dont** representa a los **complementos con de** en una oración de relativo.

cuyo

del que

uno de ellos

etc.

¡Fácil!
Dont es invariable y sustituye a muchas palabras como **cuyo**, **del que**, **uno de ellos**, etc., tanto en singular como en plural, en masculino y en femenino.

de → **dont**

↑

Marie est amoureuse **de** Paul.

C'est Paul **dont** Marie est amoureuse.

Paul es de quien Marie está enamorada.

Dont se refiere tanto a **personas** como a **cosas**, por ejemplo:

La flèche **de** Cupidon était en plastique.

Cupidon, **dont** la flèche était en plastique, est parti.

Cupido, cuya flecha era de plástico, se fue.

Je parle **d'**une flèche.

C'est la flèche **dont** je parle.

Esa es la flecha de la que hablo.

La oración de relativo con où

El adverbio relativo où sustituye a la **localización** en las oraciones de relativo.

donde

en que

al que

etc.

¡Fácil!
Où es invariable y sustituye a muchas palabras como **donde**, **en que**, **al que**, etc., tanto en singular como en plural, en masculino y en femenino.

localización ➡ où

La plage où je vais est très belle.
La playa **a la que** voy es muy bonita.

Il y a du soleil là où tu es ?
¿Hace sol **donde** tú estás?

Ten en cuenta la diferencia entre el pronombre relativo où y la conjunción ou:

où (con acento grave ❯ donde)

ou (sin acento ❯ o).

La oración de relativo
con lequel, laquelle, lesquels, lesquelles

Los pronombres relativos lequel, laquelle, lesquels, lesquelles representan **personas** o **cosas** en una oración de relativo **después** de una **preposición**.

Dependiendo del género
y el número, hay **4 formas**:
lequel, laquelle, lesquels, lesquelles:

Preposición
por ej.:
après
avec
chez
dans
pendant
pour
sur
etc.

lequel

laquelle

lesquels

lesquelles

Sustituyen a cosas:

C'est la maison **dans** laquelle j'habite.
Esta es la casa en la que vivo.

Y también personas:

C'est un ami **avec** lequel j'aime parler.
Es un amigo con el que me gusta hablar.

No obstante, cuando se trata
de personas se suele utilizar qui ...

C'est un ami **avec** qui j'aime parler.
Es un amigo con quien me gusta hablar.

Lequel, lesquels, lesquelles
unidos a la preposición à:

por ejemplo, con:

à

grâce à

face à

à +

lequel	=	auquel
laquelle	=	à laquelle
lesquels	=	auxquels
lesquelles	=	auxquelles

C'est le film auquel je pense.
Esta es la película en la que estoy pensando.

Lequel, lesquels, lesquelles
unidos a la preposición de:

por ejemplo, con:

près de

au milieu de

à cause de

auprès de

de +

lequel	=	duquel
laquelle	=	de laquelle
lesquels	=	desquels
lesquelles	=	desquelles

à cause **de**
por / a causa de

C'est le film à cause duquel il fait des cauchemars.
Esta es la película por la cual tiene pesadillas.

¡Cuidado!
de sin preposición
se sustituye por
dont.

Je parle **de** ce film.
Hablo de esta película.

C'est le film dont je parle.
Esta es la película de la que hablo.

225

La oración condicional

En una oración condicional, se formula una **condición** (oración con si) y una **consecuencia** (oración principal).

si + condición

Delante de vocal si se convierte en s'.

La correlación temporal en la oración condicional real

Una **oración condicional real** es una condición que **realmente se puede cumplir**.

Oración Si en presente	,	**Oración principal en presente**

Si tu me le **donnes**,   je ne **tire** pas.
Si me lo **das**,   no **disparo**.

Oración Si en presente	,	**Oración principal en** futur simple

Si tu me le **donnes**,   je ne tirerai pas.
Si me lo **das**,   no dispararé.

S'il me **tue**,   il ne l'aura pas.
Si él me **mata**,   no lo tendrá.

Los tiempos en la oración de condición irreal

Una **oración condicional irreal** es una condición
que es **improbable o imposible de cumplir**.

En el presente

Oración Si **en** imparfait	,	**Oración principal en** **conditionnel présent**

Si je te le donnais, tu tirerais quand même.
Si te lo diera, dispararías de todos modos.

> **¡Atención!**
> En francés, la oración Si siempre lleva el verbo en
> modo **indicativo**, mientras que en español lo lleva
> en **subjuntivo**.

La oración condicional irreal del pasado se usa cuando una condición no se ha cumplido
en el pasado. Por lo tanto, es puramente hipotética.

En el pasado

Oración Si **en** plus-que-parfait	,	**Oración principal en** **conditionnel passé**

Si elle me l'avait donné, j'aurais tiré à côté.
Si ella me lo hubiera dado, yo **habría disparado** al lado.

Estilo indirecto

Al igual que en español el **discurso indirecto** se introduce con **que**, **si**, **dónde**, **por qué**, **cuándo**, etc,. en francés se introduce con **que**, **si**, **où**, **pourquoi**, **quand**, etc.

> **Je saute !**
> ¡Yo salto!

> Il dit **qu'**il saute.
> Él dice **que** salta.

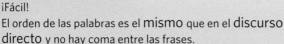

¡Fácil!
El orden de las palabras es el mismo que en el discurso directo y no hay coma entre las frases.

Delante de una vocal, **que** se convierte en **qu'**.

Il dit **qu'**il saute.
Él dice **que** salta.

Il dit **que** c'est pour rire.
Él dice **que** es para reír.

Il demande **si** je l'aime.
Él pregunta **si** le quiero.

Delante de una vocal, **si** se convierte en **s'**.

Il demande **s'**il y a un matelas.
Él pregunta **si** hay un colchón.

Il demande **où** est le matelas.
Él me pregunta **dónde** está el colchón.

Il demande **quand** je viens l'aider.
Él pregunta **cuándo** vengo a ayudarle.

Il demande **pourquoi** j'ai enlevé le matelas.
Él me pregunta **por qué** quité el colchón.

Correlación temporal en el discurso indirecto y la pregunta indirecta

Cuando el **verbo introductorio** está en el **presente**, el tiempo en el discurso directo e indirecto sigue siendo el mismo.

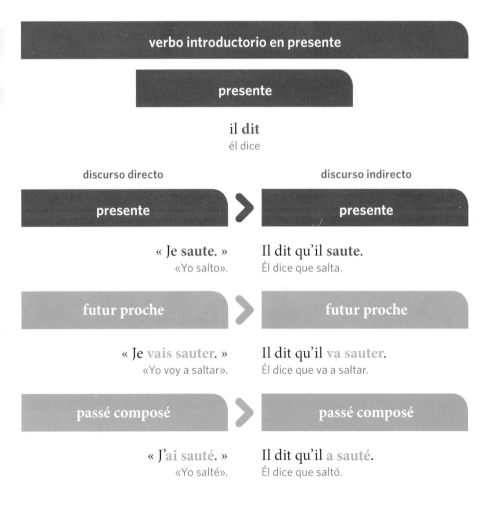

verbo introductorio en presente

presente

il **dit**
él dice

discurso directo

presente

« Je **saute**. »
«Yo salto».

discurso indirecto

presente

Il dit qu'il **saute**.
Él dice que salta.

futur proche

« Je vais sauter. »
«Yo voy a saltar».

futur proche

Il dit qu'il va sauter.
Él dice que va a saltar.

passé composé

« J'ai sauté. »
«Yo salté».

passé composé

Il dit qu'il a sauté.
Él dice que saltó.

Si el verbo introductorio está en un tiempo del pasado (imparfait, passé composé o plus-que-parfait), el tiempo verbal del discurso indirecto cambia en el discurso directo en presente, passé composé, futur simple, futur antérieur:

verbo introductorio en tiempos del pasado

imparfait	passé composé	plus-que-parfait
il disait	il a dit	il avait dit
él decía	él ha dicho	él había dicho

discurso directo   **discurso indirecto**

presente > **imparfait**

« Je saute. »   Il a dit qu'il sautait.
«Yo salto».   Él ha dicho que saltaba.

futur simple > **conditionnel présent**

« Je sauterai. »   Il a dit qu'il sauterait.
«Yo saltaré».   Él ha dicho que saltaría.

futur antérieur > **conditionnel passé**

« J'aurai sauté. »   Il a dit qu'il aurait sauté.
«Yo habré saltado».   Él ha dicho que habría saltado.

passé composé > **plus-que-parfait**

« J'ai sauté. »   Il a dit qu'il avait sauté.
«Yo he saltado».   Él ha dicho que había saltado.

Si el verbo introductorio está en un tiempo del pasado
(imparfait, passé composé oder plus-que-parfait),
el tiempo verbal del discurso indirecto no cambia en el
discurso directo en imparfait, plus-que-parfait,
conditionnel présent, conditionnel passé.

verbo introductorio en tiempos del pasado

imparfait	passé composé	plus-que-parfait
il disait	il a dit	il avait dit
él decía	él ha dicho	él había dicho

discurso directo — **discurso indirecto**

imparfait > **imparfait**

« Je sautais. » — Il a dit qu'il sautait.
«Yo saltaba». — Él ha dicho que saltaba.

plus-que-parfait > **plus-que-parfait**

« J'avais sauté. » — Il a dit qu'il avait sauté.
«Yo había saltado». — Él ha dicho que había saltado.

conditionnel présent > **conditionnel présent**

« Je sauterais. » — Il a dit qu'il sauterait.
«Yo saltaría». — Él ha dicho que saltaría.

conditionnel passé > **conditionnel passé**

« J'aurais sauté. » — Il a dit qu'il aurait sauté.
«Yo habría saltado». — Él ha dicho que habría saltado.

231

11 Números, fechas y horas

¿**Qué** tipos de números hay en francés?

¿**Cómo** los formulo?

¿**Cómo** puedo dar información de tiempo y pedir la hora?

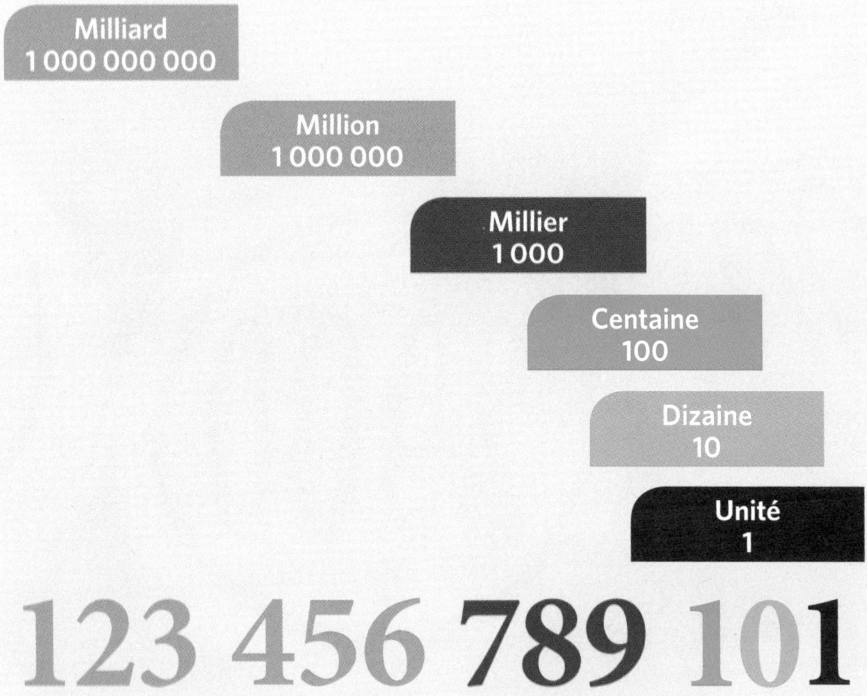

Milliard
1 000 000 000

Million
1 000 000

Millier
1 000

Centaine
100

Dizaine
10

Unité
1

123 456 789 101

Los números cardinales

-ième
Los números ordinales

1/2
Las fracciones

le huit mai
La fecha

15h00
La hora

Los números cardinales

0 – 16, decenas

Hay que **memorizar** los números hasta el 16:

0	zéro
1	un / une
2	deux
3	trois
4	quatre
5	cinq
6	six
7	sept
8	huit
9	neuf
10	dix
11	onze
12	douze
13	treize
14	quatorze
15	quinze
16	seize

Y las decenas hasta el 60:

20	vingt
30	trente
40	quarante
50	cinquante
60	soixante

Hasta el 90 hay que «calcular»:

70	soixante-dix	(60 + 10)
80	quatre-vingts	(4 x 20)
90	quatre-vingt-dix	(4 x 20 + 10)

17 - 1 000 000 000

A partir del 17 es muy fácil, solo
tienes que decir la decena
y después la unidad:

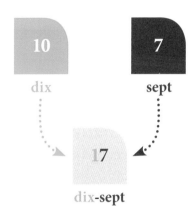

dix   sept

dix-sept

17	dix-**sept**
18	dix-**huit**
19	dix-**neuf**
32	trente-**deux**
61	soixante **et un**
99	quatre-vingt-dix-**neuf**
100	cent
200	deux cent**s**
104	cent **quatre**
336	trois cent trente-**six**
1 000	**mille**
2 000	**deux mille**
30 662	**trente mille** six cent soixante-**deux**
1 000 000	un million
3 200 523	trois millions **deux cent mille** cinq cent vingt-**trois**
1 000 000 000	un millard
6 000 000 000	six millard**s**

Cuando **million** o **milliard** es un número
redondo y va seguido de un sustantivo se añade
de delante del sustantivo.

million
milliard   de sustantivo

un million **d'**euros
un million cent mille euros

Características especiales

70-79	90 - 99
70 soixante-dix	90 quatre-vingt-dix
71 soixante et onze	**91 quatre-vingt-onze**
72 soixante-douze	**92 quatre-vingt-douze**
73 soixante-treize	**93 quatre-vingt-treize**
74 soixante-quatorze	**94 quatre-vingt-quatorze**
75 soixante-quinze	**95 quatre-vingt-quinze**
76 soixante-seize	**96 quatre-vingt-seize**
77 soixante-dix-**sept**	97 quatre-vingt-dix-**sept**
78 soixante-dix-**huit**	98 quatre-vingt-dix-**huit**
79 soixante-dix-**neuf**	99 quatre-vingt-dix-**neuf**

¡Es más fácil en el francés d e Suiza y de Bélgica!

70 se dice **septante** y va seguido de las unidades:

72 septante-deux

90 se dice **nonante** y también va seguido de las unidades:

92 nonante-deux

Huitante para **80** solo se dice en Suiza.

En Francia:

En las **fechas históricas importantes** a veces **los millares se dicen como cientos**.
Por ejemplo: 1789 se puede decir
mille sept cent quatre-vingt-neuf
o
dix-sept cent quatre-vingt neuf.

En 21, 31, 41, 51 y 61 se añade **et** entre las decenas y el 1.

21
31
41
51
61

decena	et un

21   vingt **et un**

Delante de un sustantivo femenino, **un** se convierte en **une**.

et un / et une

61 Il a soixante et **un** ans.
Él tiene sesenta y un años.

31 Il y a trente et **une** bougies.
Hay treinta y una velas.

En el 71 se añade **et** entre las decenas y el 11.

7**1**

60	et onze

soixante **et onze (60 + 11)**

Esta regla de añadir **et** no se utiliza en otros números:

81   quatre-vingt-un
101   cent un
2 001 deux mille un

Características especiales que solo afectan a la forma escrita

(Dado que las cantidades generalmente se escriben
en números, rara vez se utilizan).

< 100 guion o et

Del 17 al 100
los números se forman de manera
parecida: decena - guion - unidad.

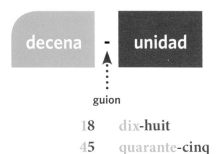

guion

| 18 | dix-**huit** |
| 45 | quarante-**cinq** |

(excepto los números que
llevan **et**)

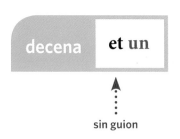

sin guion

> 100 sin guion

Después de cien no hay
guion entre los números:

633	six cent trente-**trois**
8 006	**huit mille six**
5 200 000	cinq millions **deux cent mille**

Y tampoco después de
mille, **million** o **milliard** si van seguidos de un número.

-s

vingt(s)

Vingt añade una **-s** cuando se **multiplica (en 80) y no va seguido de un número**.

80 → quatre-**vingtS** (4 x 20)

90   quatre-vingt-dix (4 x 20 + 10)

cent(s)

También **cent** añade una **-s** cuando se **multiplica y no va seguido de un número**.

200 → deux **centS** (2 x 100)

501   cinq cent un

X

Los **demás números** son **invariables**.

70   soixante-dix

35   trente-cinq

mille

1000 también es **invariable** (no añade una **–s**).

3 000   trois mille

Números ordinales

Los números 1 y 2 son excepciones:

1^{er/ère}

2^{nd/nde}

le **premier** / la **première**
le **second** / la **seconde**

Para formar los números ordinales, se añade **-ième** al número cardinal.

número + **-ième**

Para el 2 hay 2 opciones.

2^e	deux	**ième**
3^e	trois	
4^e	quatr	
5^e	cinq(u)	
6^e	six	
7^e	sept	
8^e	huit	
9e **le / la**	neuv	
10^e	dix	
11^e	onz	
12^e	douz	
13^e	treiz	
14^e	quatorz	
15^e	quinz	
16^e	seiz	

Si el número termina en e, la e desaparece.

La f al final de la palabra se sustituye por v.

Siguen la misma regla:

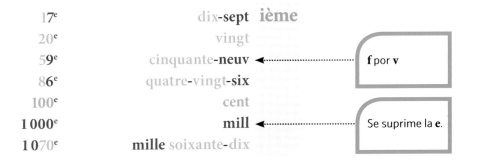

17ᵉ	dix-sept **ième**
20ᵉ	vingt
59ᵉ	cinquante-**neuv** ◄·······	**f** por **v**
86ᵉ	quatre-vingt-**six**
100ᵉ	cent
1 000ᵉ	**mill** ◄·······	Se suprime la **e**.
1 070ᵉ	**mille** soixante-dix

En 21, 31, 41, 51 y 61 se añade **et unième** a la decena:	21ᵉ 31ᵉ 41ᵉ 51ᵉ 61ᵉ

decena **et** unième

51ᵉ   cinquante **et** unième

C'est le vingt et unième radis.
Este es el vigésimo primer rábano.

Con **second** y **deuxième**
es muy simple: si hay más de dos,
se usa **deuxième**,
si no **second**.
Deuxième se utiliza más a
menudo.

2^e $2^{nd/nde}$

deuxième ≈ second(e)

Il est arrivé deuxième.
Il est arrivé second.
Él ha llegado segundo.

la Seconde Guerre mondiale
la Segunda Guerra Mundial

la classe de seconde
(equivalente a segundo curso)

Deuxième se puede **combinar
con otros números**:

(Con **second** no se puede).

decena   -deuxième

22 vingt-**deux**ième

C'est notre deuxième Noël ensemble.
Es nuestra segunda Navidad juntos.

Diferencias y similitudes con el español

Para el primer día del **mes** se utiliza el **número ordinal**:

Para el resto de los **días** y **gobernantes** se utilizan los **números cardinales**:

Y también para el primer **gobernante** de una **saga**:

1er

le premier june
el uno de junio

Napoléon premier
Napoleón I

2, 3, ...

le deux june, le trois june
el dos de junio, el tres de junio

Napoléon trois
Napoleón III

En español se usa:

En francés se dice:

Para expresiones con **cada**:

cada dos días

un jour sur deux
o
tous les deux jours

¡Atención!
El artículo **nunca lleva apóstrofo** delante de los números ordinales.

la
le
l'

...ième

la huitième
le onzième

Las fracciones

-ième

ordinal

¡Fácil!
En una fracción, el
denominador (número de abajo)
se expresa con un número ordinal:

numerador cardinal / denominador ordinal

Cuando el numerador (número de arriba)
es mayor que 1, se añade una **-s**
al denominador:

1/5	un cinquième
2/6	deux sixièmes

Al igual que en español, hay
3 excepciones:
un demi, **un** tiers, **un** quart.

1/2	un **demi**
1/3	un **tiers**
1/4	un **quart**

Un demi (de bière), s'il vous plaît !
Una media (cerveza), por favor.

(En el caso de la cerveza, **un demi** no se refiere a **demi
litre** medio litro, sino a **une demie chopine** (unidad antigua =
aprox. 25 cl.), más o menos lo que en España sería «una caña».

La fecha

Solo el **primer día del mes** se nombra con el número **ordinal**:

El **resto de los días** con el número **cardinal**:

ordinal

cardinal

Primer día del mes

otros días

le **premier** janvier
el **primero** de enero

le **deux** janvier
el **dos** de enero

¡Fácil!
La fecha siempre se nombra con el artículo **le delante**:

le + fecha

Je pars **le** quatorze février.
Me voy **el** 14 de febrero.

247

La hora

La hora en el lenguaje hablado

La hora es bastante parecida
al español.

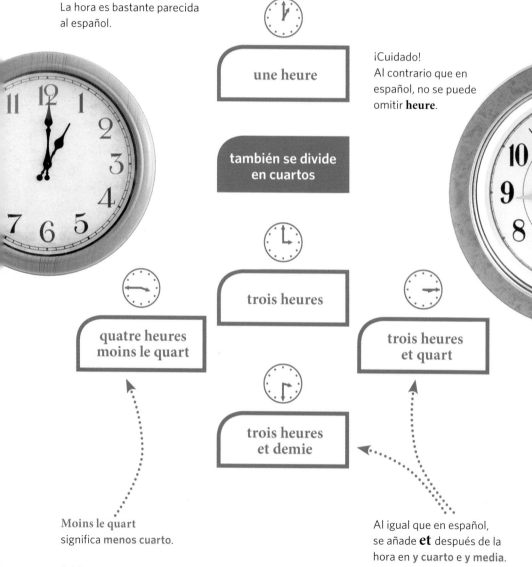

une heure

¡Cuidado!
Al contrario que en
español, no se puede
omitir **heure**.

**también se divide
en cuartos**

trois heures

**quatre heures
moins le quart**

**trois heures
et quart**

**trois heures
et demie**

Moins le quart
significa **menos cuarto**.

Al igual que en español,
se añade **et** después de la
hora en **y cuarto** e **y media**.

248

Minutero

Después de la «media», los minutos **de la siguiente hora** se restan con **moins** (menos).

Hasta la «media», los minutos simplemente se añaden justo **detrás**. ¡Ojo! Excepto en **et quart** y **et demie**, no se añade **et**.

quatre heures moins cinq

trois heures dix

quatre heures moins vingt-cinq

trois heures vingt

midi
mediodía

minuit
medianoche

Il est dix heures (du soir).
Son las **diez** (de la noche).

Como en español, se usan los números **del 1 al 11** para designar las horas **de la tarde** y **de la noche**.

La hora oficial

Por la tarde y hasta la medianoche, las horas se contabilizan de **13 a 24.**

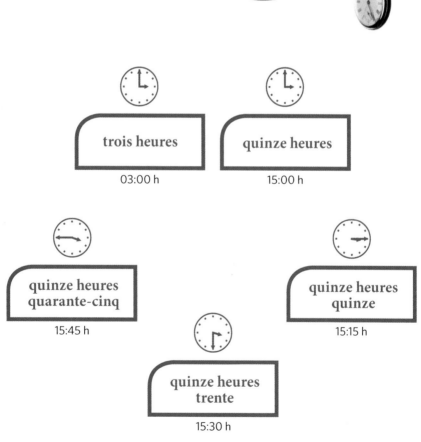

trois heures

03:00 h

quinze heures

15:00 h

quinze heures quarante-cinq

15:45 h

quinze heures quinze

15:15 h

quinze heures trente

15:30 h

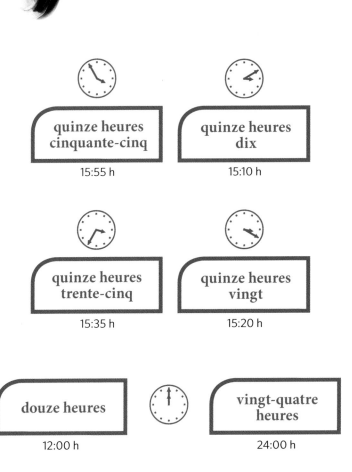

quinze heures cinquante-cinq	quinze heures dix
15:55 h	15:10 h

quinze heures trente-cinq	quinze heures vingt
15:35 h	15:20 h

douze heures		vingt-quatre heures
12:00 h		24:00 h

12 Las preposiciones

¿**Qué** son las preposiciones?

¿**Qué** preposiciones utilizo para el tiempo, el lugar y la dirección?

¿**Qué** debo tener en cuenta?

au-dessus

au-dessous

Como su nombre indica, las **preposiciones**
son palabras que **preceden** a
otras palabras o sintagmas:

Pré (delante) **position** (posición)

Preposiciones de lugar

... introducen frases que
responden a la pregunta ¿dónde?

Preposiciones de tiempo

... introducen frases que responden
a la pregunta ¿cuándo?

Preposiciones de modo

... introducen frases que responden
a la pregunta **¿cómo?**

¿dónde?	¿cuándo?	¿cómo?
à	à	à
en	en	en
pour	pour	pour
de		de
par		par
vers	vers	
dans	dans	
chez	entre… et	
etc.	à partir de	
	dès	
	depuis	
	il y a	avec
	jusqu'à	
	pendant	

Las preposiciones de lugar

La preposición à se utiliza para indicar objetivos o ubicaciones **generales**.

à > lugares generales > a en

Il va souvent à la banque et à la plage.
A menudo va al banco y a la playa.

À se fusiona con **le** y se convierte en **au** y con **les** se convierte en **aux**.

à + le = au

à + les = aux

Maria habite à Lisbonne au Portugal.
Maria vive en Lisboa, en Portugal.

Cet été, elle veut aller aux États-Unis.
Este verano, ella quiere ir a los Estados Unidos.

¡Atención!
Los **países femeninos** van precedidos de la preposición en:

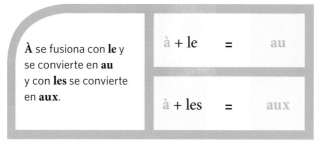

Je vais en France.
Voy a Francia.

La preposición chez se utiliza para indicar objetivos y lugares de residencia de personas o nombres de empresas.

chez > personas o empresas > en / a (casa de) en / a (la empresa)

Je suis chez elle.
Estoy en casa de ella.

Je vais chez elle.
Voy a casa de ella.

257

La preposición dans sirve para dar información sobre una ubicación **específica**, por ejemplo, en un cuarto o recipiente.

dans >  >

cuarto o recipiente

en dentro de

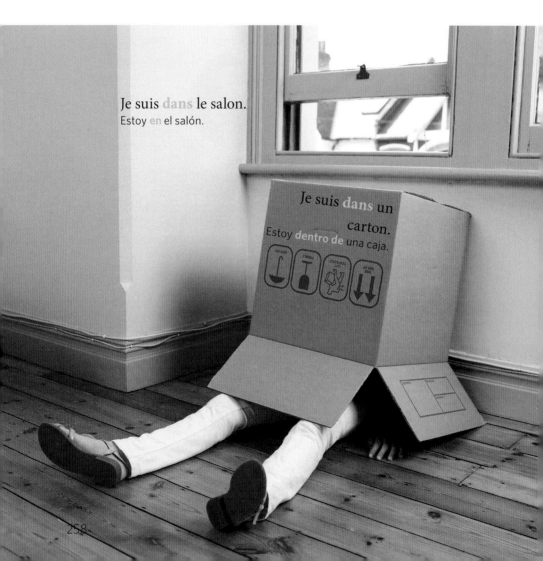

Je suis dans le salon.
Estoy en el salón.

Je suis dans un carton.
Estoy dentro de una caja.

La preposición de indica el **origen,**
la **procedencia** o el **punto de partida.**

origen
procedencia
punto de partida

de

Elle vient de France.
Ella viene de Francia.

De se fusiona con **le** y se convierte en **du**, y con **les** se convierte en **des**.

de + le = du

Ils rentrent du travail.
Ellos regresan del trabajo.

de + les = des

Je reviens des Etats-Unis.
Regreso de los Estados Unidos.

Ante vocal o h muda, **de** se convierte en **d'**.

C'est un vin d'Alsace.
Es un vino de Alsacia.

La preposición en se refiere tanto a la residencia como al destino cuando se habla de **países**, **regiones** o **provincias femeninos**.

| en | > | países, regiones o provincias en femenino | > | a en |

Je vais **en** Italie, **en** Calabre.
Voy a Italia, a Calabria.

Algunas **expresiones específicas** también van introducidas por en, por ejemplo:

Je pars **en** vacances.
Salgo de vacaciones.

La preposición par denota atravesar un lugar.

par > **atravesar un lugar** > **por a través de**

Principalmente se usa con verbos de movimiento,
por ejemplo: **passer par**:

Il passe **par** le tunnel.
Él pasa **por** el túnel

La preposición pour denota el **destino** de un viaje o desplazamiento.

pour > destino de un desplazamiento > a para hacia

Por ejemplo, unido al verbo
partir irse o **embarquer**
embarcar:

Je pars jeudi pour le Maroc.
Me voy el jueves a Marruecos.

La preposición vers denota
la dirección de un movimiento.

Por ejemplo, se puede usar
con un país, una ciudad, una
dirección o una persona:

Nous roulons vers l'ouest.
Nos dirigimos hacia el oeste.

Il se tourne vers elle.
Él se vuelve hacia ella.

263

en face de
en frente de

La boulangerie est en face de l'école.
La panadería está en frente de la escuela.

à côté de
al lado de

La papeterie est à côté de la supérette.
La papelería está al lado del supermercado.

entre
entre

La poissonnerie est entre la pharmacie et la librairie.
La pescadería está entre la farmacia y la librería.

au bout de
al final de

Le magasin de fleurs est au bout de la rue.
La floristería está al final de la calle.

loin de
lejos de

La boucherie est loin du cinéma.
La carnicería está lejos del cine.

près de
cerca de

La maison de la presse est près du café.
El kiosco de prensa está cerca de la cafetería.

sous
bajo / debajo

La table est sous le lustre.
La mesa está debajo de la lámpara de araña.

sur
sobre / en

Les fleurs sont sur la table.
Las flores están sobre la mesa.

à droite de
a la derecha de

La porte est à droite du fauteuil.
La puerta está a la derecha de la butaca.

à gauche de
a la izquierda de

Les fleurs sont à gauche de la théière.
Las flores están a la izquierda de a tetera.

devant
delante

La table est devant moi.
La mesa está delante de mí.

derrière
detrás

Le fauteuil est derrière moi.
La butaca está detrás de mí.

au fond de
al fondo de

Les toilettes sont au fond du couloir.
Los baños están al fondo del pasillo.

Las preposiciones de tiempo

La preposición à indica un
momento determinado.

à > momento determinado > a en

Il fait froid à Noël.
Hace frío en Navidad.

Je m'arrête à cinq heures.
Yo paro a las 5.

Elle s'est mariée à trente ans.
Ella se casó a los 30 años.

¡Atención! Se dice:

au printemps
en primavera

pero: en été, en automne, en hiver
en verano, en otoño, en invierno

À partir de indica el **inicio** de una acción
en el presente o en el futuro.

à partir de > inicio de una acción > a partir de

À partir de maintenant, je mets une cravate.
A partir de ahora, me pongo corbata.

Je travaillerai à partir de dix heures.
Trabajaré partir de las diez.

267

Après se utiliza
simplemente como después.

après > tiempo posterior > **después**

Je vais terminer mon travail après Noël.
Terminaré mi trabajo después de Navidad.

Como preposición de tiempo, avant
se utiliza como antes.

J'ai terminé mon travail avant Noël.
He terminado mi trabajo antes de Navidad.

Como preposición de tiempo, dans se utiliza
antes de un momento futuro.

dans > antes de un momento futuro > en

Nous arrivons dans une minute !
¡Llegamos en un minuto!

Dès marca el comienzo
de una acción anterior.

dès > comienzo de una acción > cuando desde

Dès se utiliza para acciones
en el **pasado**, en el **presente**
o en el **futuro**.

Je t'appellerai dès mon retour.
Te llamaré cuando regrese.

Il était chef dès l'âge de trente ans.
Era jefe desde los treinta años.

271

Depuis se usa como desde (hace).

Se utiliza para indicar el **inicio** de un **periodo que comenzó en el pasado y dura hasta el momento actual**.

 > inicio de un momento que dura hasta ahora > desde (hace)

> Il m'énerve depuis son arrivée.
> Me está molestando desde que llegó.

> Il m'aime depuis des années.
> Me quiere desde hace años.

La preposición **en** introduce el periodo de tiempo en el que se va a completar la acción.

Je vais tout balayer en cinq minutes.
Voy a barrer todo en cinco minutos.

Además, **en** se utiliza delante de los **nombres** y las **fechas**, así como las **estaciones** que comienzan por **vocal.**

en > meses
fechas
y delante de
été, automne, hiver

Para los meses se puede usar **au mois de** en lugar de en.

Il partira en juillet.
Él se irá en julio.

Il partira au mois de juillet.
Él se irá en julio.

273

Entre... et se utiliza igual que entre... y.

Como preposición del tiempo, se refiere a un **periodo** que se encuentra **entre dos puntos** en el tiempo.

entre... et > **periodo entre dos puntos** > entre... y

Le train arrive entre **huit** et **neuf heures.**
El tren llega entre las ocho y las nueve.

Il y a se utiliza como hace.

il y a > tiempo pasado > hace

**Zoé a eu son bac
il y a un an.**
Zoé consiguió su
bachillerato hace
un año.

Como preposición de tiempo, jusque indica el **momento de finalización** de un periodo. Se utiliza igual que hasta.

Jusque se utiliza principalmente con la preposición à: jusqu'à.

jusqu'à > momento de finalización > hasta

J'attends encore jusqu'à trois heures deux.
Espero todavía **hasta** las tres.

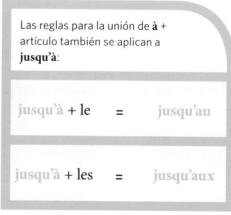

Las reglas para la unión de **à** + artículo también se aplican a **jusqu'à**:

jusqu'à + le	=	jusqu'au

jusqu'à + les	=	jusqu'aux

Il est resté là jusqu'au lendemain.
Se quedó allí hasta el día siguiente.

Con pendant se indica el periodo de tiempo en el cual ocurre algo.

Pendant se utiliza como durante.

 > tiempo en el que ocurre algo > durante

Elle a lu pendant trois jours.

Ella leyó durante tres días.

Pour indica duración y se utiliza para especificar
un **momento** asociado con una **meta**.

pour > momento asociado a una meta > por

J'arrête pour toujours.
Yo paro por hoy.

Je suis allé à New York
pour deux semaines.
Fui a Nueva York dos semanas.

Con vers como preposición de tiempo
se indica un tiempo aproximado.

vers > tiempo aproximado > hacia

Il viendra vers six heures.
Él vendrá hacia las seis.

Las preposiciones de modo

La preposición **à** expresa lo siguiente:

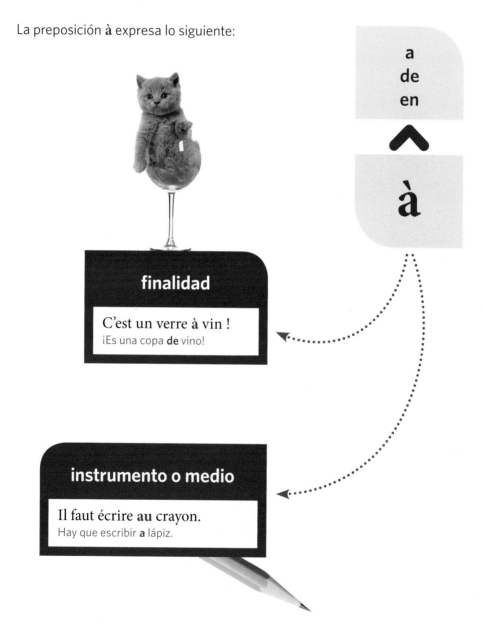

a
de
en

à

finalidad

C'est un verre **à** vin !
¡Es una copa **de** vino!

instrumento o medio

Il faut écrire **au** crayon.
Hay que escribir **a** lápiz.

à

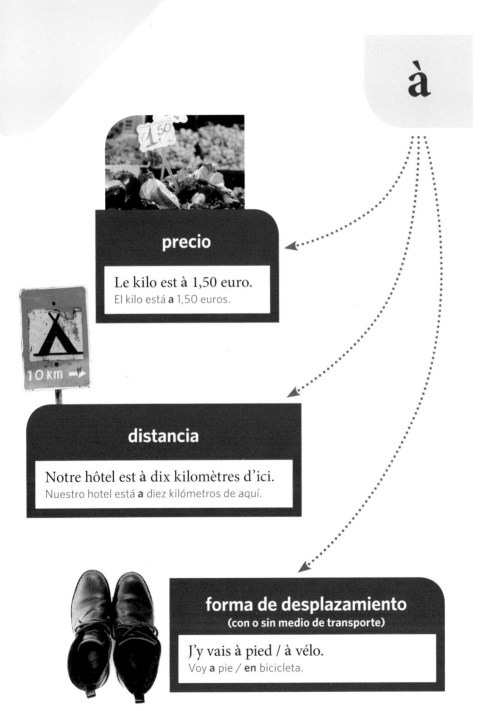

precio

Le kilo est à 1,50 euro.
El kilo está **a** 1,50 euros.

distancia

Notre hôtel est à dix kilomètres d'ici.
Nuestro hotel está **a** diez kilómetros de aquí.

forma de desplazamiento
(con o sin medio de transporte)

J'y vais à pied / à vélo.
Voy **a** pie / **en** bicicleta.

La preposición **de** expresa lo siguiente:

de

de

causa

Il a crié **de** peur.
Él ha gritado **de** miedo.

parte del cuerpo

Je faisais signe **de** la main.
Agité la mano.

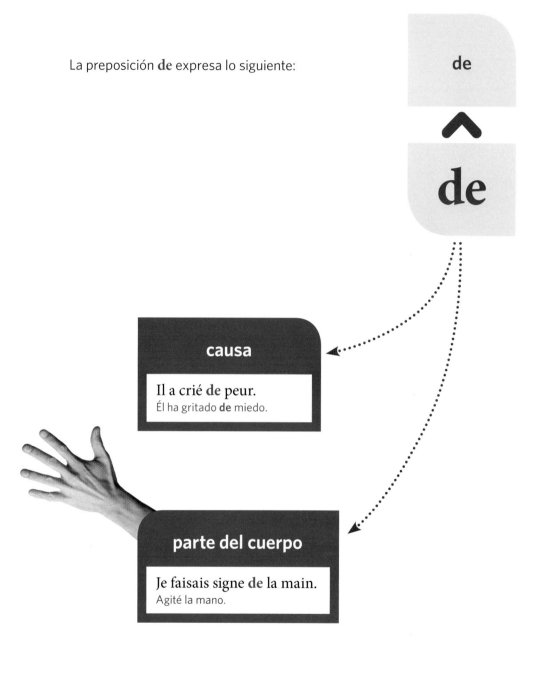

de

origen o procedencia

Je viens de Paris.
Vengo **de** París.

pertenencia

La voiture de Marie est écologique.
El coche **de** Marie es ecológico.

La preposición **en** se usa con:

de
en

en

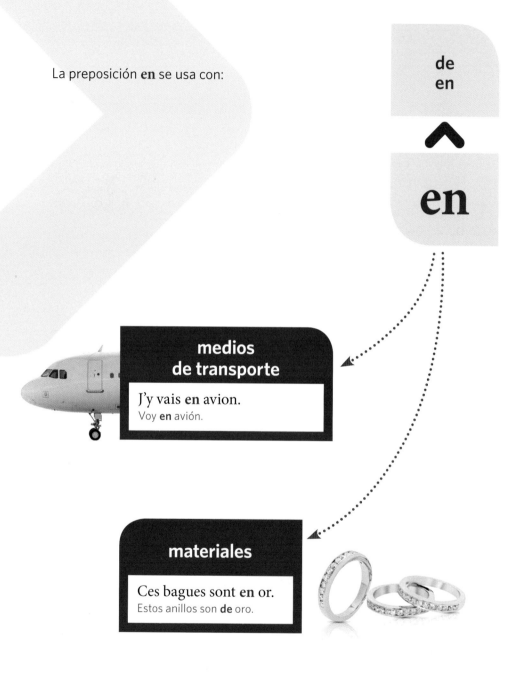

medios de transporte

J'y vais **en** avion.
Voy **en** avión.

materiales

Ces bagues sont **en** or.
Estos anillos son **de** oro.

à

Para la bicicleta puedes usar tanto **à** como **en**.

bicicleta

J'y vais à vélo.
Voy **en** bicicleta.

J'y vais **en** vélo.
Voy **en** bicicleta.

en

de

El material se puede expresar con **de** o con **en**.

materiales

Une pelote de laine.
Un ovillo **de** lana.

Ce pull est **en** laine.
Este suéter es **de** lana.

en

La preposición **par** expresa lo siguiente:

**por
a través de**

^

par

medio

Cette lettre est arrivée **par** avion.
Esta carta ha llegado **por** avión.

autor

J'ai appris la nouvelle **par** Nathalie.
He sabido la noticia **por** Nathalie.

par

motivo

Elle a freiné par peur de l'écraser.
Ella ha frenado por miedo a atropellarle.

distribución

La chambre coûte 100 € **par** personne.
La habitación cuesta 100 € **por** persona.

La preposición **avec** expresa
lo siguiente:

con

avec

instrumento

Il boit avec un gobelet en plastique.
Él bebe **con** un vaso de plástico.

La preposición **pour**
expresa lo siguiente:

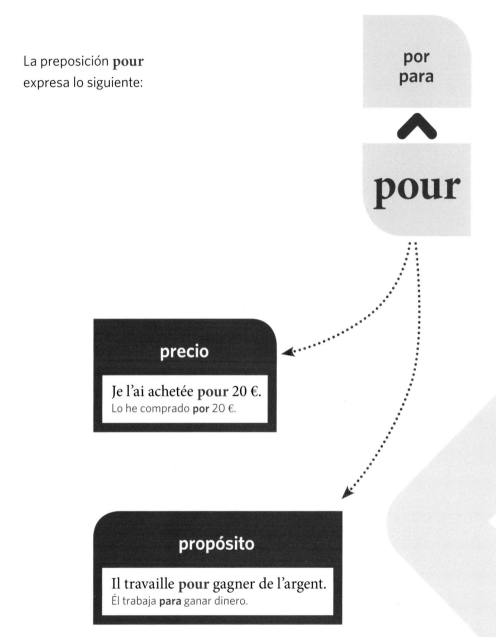

por
para

pour

precio

Je l'ai achetée **pour** 20 €.
Lo he comprado **por** 20 €.

propósito

Il travaille **pour** gagner de l'argent.
Él trabaja **para** ganar dinero.

13 Las conjunciones

¿**Qué** son las conjunciones?

¿**Qué** puedo hacer con ellas?

¿**Qué** tipos de conjunciones hay?

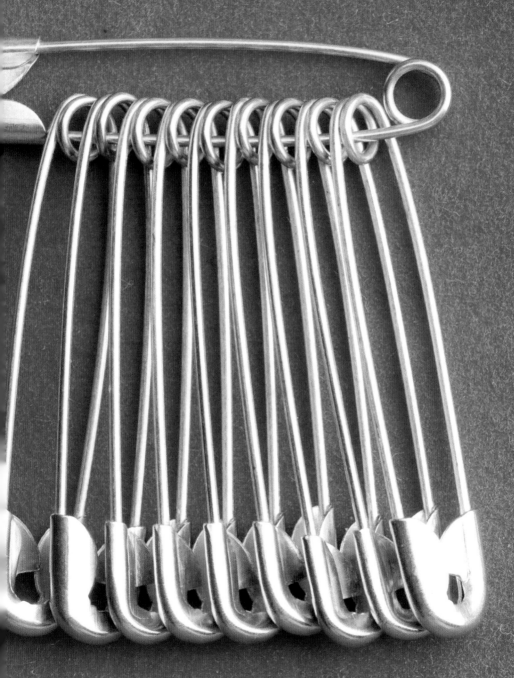

Las conjunciones se usan para
conectar oraciones o
sintagmas.

Distinguimos entre conjunciones de
coordinación, que unen
oraciones principales:

oración principal

**conjunción de
coordinación**

oración principal

Con esta frase, los estudiantes franceses aprenden
las conjunciones de coordinación
mais, ou, et, donc, or, ni, car:

Mais où est donc Ornicar ?

¿Pero dónde está entonces Ornicar?

... y conjunciones **subordinadas** que unen **oraciones principales** y **subordinadas**:

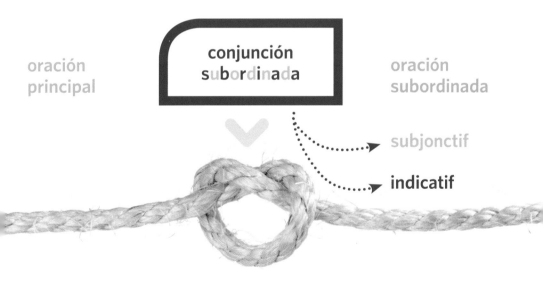

oración
principal

conjunción
subordinada

oración
subordinada

subjonctif

indicatif

¡Atención!
Después de **algunas** conjunciones
subordinadas va el subjonctif.

Conjunciones de coordinación

La conjunción car porque

oración principal

car

oración principal

Je me détends **car** je suis stressé.
Me relajo **porque** estoy estresado.

Las conjunciones de coordinación unen oraciones de igual rango (= oraciones principales). Simplemente van seguidas de **indicativo**.

La conjunción donc así pues, luego

oración principal | **donc** | oración principal

« Je pense **donc** je suis. »
«Pienso **luego** existo».
(René Descartes, 1637)

La conjunción et y

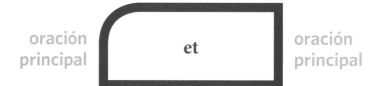

oración
principal

et

oración
principal

Elle dort **et** il lit.
Ella duerme **y** él lee.

La conjunción mais pero

oración
principal

mais

oración
principal

Je travaille **mais** je n'avance pas.
Trabajo, **pero** no avanzo.

La conjunción **ni... ni** ni... ni

oración
principal

ni... ni

oración
principal

Como conjunción de coordinación, **ni... ni** se usa casi exclusivamente en la **literatura**. Se sitúa un **ni** al principio de cada oración:

Ni elles courent ni elles rient.
Ni corren **ni** ríen.

ni... ni suele ser una negación:

Je n'aime ni les glaces ni le chocolat.
No me gustan **ni** los helados **ni** el chocolate.

La conjunción **ou** o

| oración principal | ou | oración principal |

On fait ça pour rien **ou** il y a un photographe ?
¿Hacemos esto por nada **o** hay un fotógrafo?

La conjunción **ou... ou** o... o

oración
principal

ou... ou

oración
principal

Ou ça passe **ou** ça casse.
Frase hecha:
De perdidos al río.
(literalmente: **O** pasa **o** se rompe.)

La conjunción ou bien o (bien)

| oración principal | ou bien | oración principal |

Tu médites ou bien tu
t'entraînes ?
¿Meditas o te entrenas?

Conjunciones subordinantes

Las conjunciones subordinantes **unen** oraciones **principales** y **subordinadas**.

oración principal

> Después de algunas conjunciones subordinadas, la **oración subordinada** va en **indicativo**.

> **oración subordinada** en **indicativo**

Estas son las más importantes:

parce que
porque

comme
como

du fait que
debido a que

puisque
ya que

tant que
mientras

si
si

Esto es lo que expresan:

razón

Je ne peux pas sortir ce soir **parce que** j'ai de la visite.
No puedo salir esta noche **porque** tengo visita.

¡Por cierto!
En esta oración puedes reemplazar **parce que** por **comme, du fait que, puisque, tant que** o **si**:

Comme j'ai de la visite, je ne peux pas sortir ce soir.
Como tengo visita, no puedo salir esta noche.

si bien que
de modo que

de sorte que
de suerte que

consecuencia

Il s'est caché **si bien que** personne ne l'a vu.
Se escondió tan bien que nadie lo vio.

quand
cuando

lorsque
cuando

pendant que
mientras

dès que
apenas, en cuanto

depuis que
desde que

cierto tiempo
o **duración**

Il n'a plus de temps **depuis qu**'il travaille.
No tiene tiempo **desde que** trabaja.

oración
principal

Después de algunas conjunciones subordinadas, la **oración subordinada** va en subjonctif.

oración
subordinada
en
subjonctif

---

supposé que
en el supuesto de que

à condition que
con la condición de que

pourvu que
siempre que, mientras que

hipótesis

Il ira loin pourvu qu'il ne se perde pas.
Él irá lejos mientras que no se pierda.

---

bien que
aunque

quoique
pese a que

malgré que
a pesar de que

sans que
sin que

oposición o
limitación

Il roule vite bien qu'il ne soit pas pressé.
Él conduce rápido, aunque no tenga prisa.

pour que
para que
afin que
a fin de
de peur que
por miedo a que

objetivo

Je vais le lui dire pour qu'il le sache.
Se lo voy a decir para que lo sepa.

jusqu'à ce que
hasta que
avant que
antes de que

objetivo
temporal

J'attendrai jusqu'à ce que tu viennes.
Esperaré hasta que vengas.

305

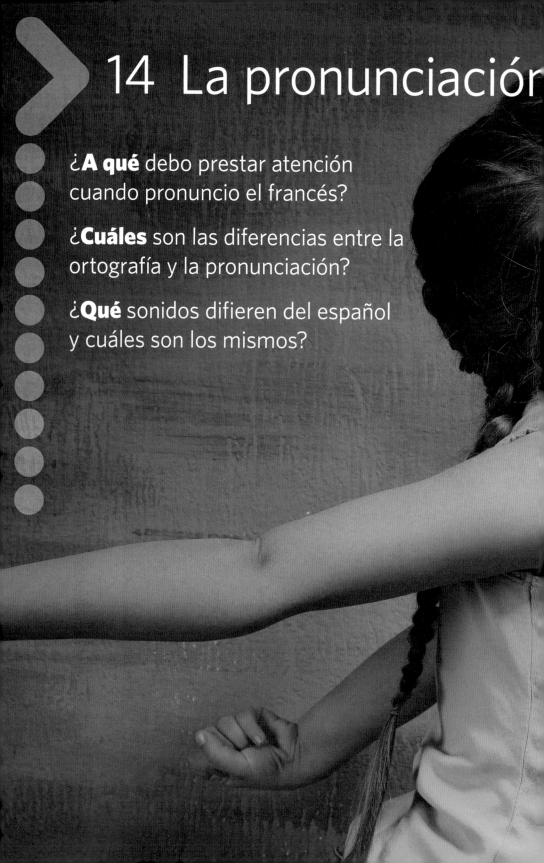

14 La pronunciación

¿**A qué** debo prestar atención cuando pronuncio el francés?

¿**Cuáles** son las diferencias entre la ortografía y la pronunciación?

¿**Qué** sonidos difieren del español y cuáles son los mismos?

Entre la ortografía y la
pronunciación a menudo hay grandes
diferencias en francés.

Combinaciones de letras y acentos

Terminaciones

La liaison

Sonidos vocálicos

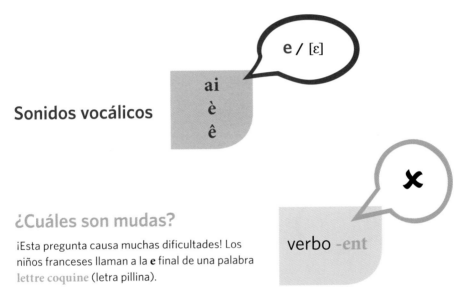

e / [ɛ]

ai
è
ê

¿Cuáles son mudas?

¡Esta pregunta causa muchas dificultades! Los niños franceses llaman a la **e** final de una palabra *lettre coquine* (letra pillina).

verbo -ent ✗

¿Cuándo sí y cuándo no?

Combinación de letras y acentos

A través de combinaciones de letras y/o acentos se forman diferentes sonidos vocálicos:

Los acentos sobre letras que no sean la e no cambian la pronunciación.

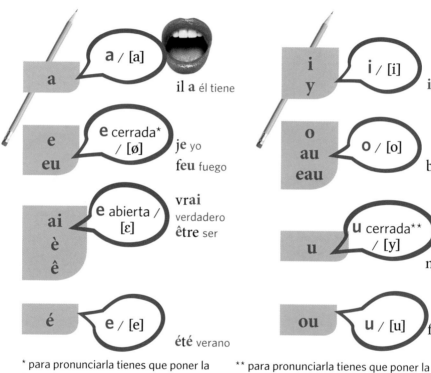

a — a / [a] — il **a** él tiene

e
eu — e cerrada* / [ø] — je yo / feu fuego

ai
è
ê — e abierta / [ɛ] — vrai verdadero / être ser

é — e / [e] — été verano

i
y — i / [i] — il él

o
au
eau — o / [o] — beau bonito/-

u — u cerrada** / [y] — mur pared, m

ou — u / [u] — fou loco

* para pronunciarla tienes que poner la boca como si fueras a decir una **o**, pero pronuncia una **e**.

** para pronunciarla tienes que poner la boca como si fueras a decir una **i**, pero pronuncia una **u**.

Cualquier vocal o combinación de vocales antes de n o m se nasaliza, es decir, hay que pronunciarlas como si se tuviera la nariz tapada:

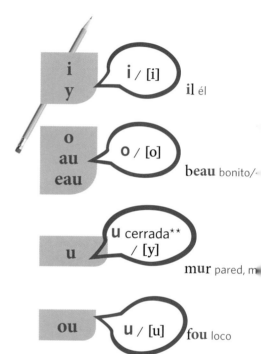

an
en — Chanson / [ã] — chant canto

in
un
ain
ein — Bassin / [ɛ̃] — main mano / plein lleno/-a

on — Bonbon / [ɔ̃] — mon mi

c / ç

ca
co
cu

c/k / [k]

Coca-Cola®

Seguida de
a, **o**, **u**,
la c se pronuncia
como **k**.

ce
ci

s / [s]

Seguida de **e** o **i** la c se
pronuncia como **s**.
ceci esto

ça
ço
çu

Con **cedilla**, la c se
pronuncia como **s**.
nous lançons
nosotros lanzamos

g / ge / gu y j

ga
go
gu

g / [g]

Seguida de **a**, **o**, **u**, la
g se pronuncia como
la **g** de «gato».
le garage

ge
gi

Garage / [ʒ]

Seguida de **e** o **i**, la g se
pronuncia con un sonido
similar a **sh**.
le garage

gue
gui

Como en español, para que
tenga el mismo sonido con
e, **i**, hay que añadir una **u**.
Guillaume

ja
jo
ju

En francés, la **j**
tiene un sonido parecido
a la **y** de los argentinos.
Bonjour Buenos días

S y SS

Al principio de la palabra,
la s se pronuncia como la **s**
española.

s-
vocal-SS-vocal

s / [s]

Entre dos vocales
ss también se pronuncia como **s**.

Sophie
aussi también

vocal-S-vocal

s / [z]

Entre 2 vocales
s se pronuncia como una **s**
más arrastrada.
oser osar

Terminaciones de las palabras - ¿Cuáles son mudas?

Letras finales mudas

La **s** y la **x** al final de una palabra normalmente son **mudas** (por ejemplo, en plural).

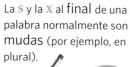

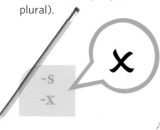

les rires [lɛ ʀiʀ]
las risas

heureux [øʀø]
contento/-a

La **t**, la **d** y la **p** al final de una palabra normalmente son **mudas**.

petit [pəti]
pequeño

il prend [il pʀɑ̃]
él agarra

trop [tʀo]
demasiado

La terminación **-ent** de los verbos (3-ª pers. pl.) es **muda**.

Verbo -ent

ils rient [il ʀi]
ellos ríen

¡Atenció
En los adverbios, **-ent**
pronuncia nasalizado [ɑ̃
(lentement lentament

Terminación en -e

La **e** al final de una palabra es **muda**.

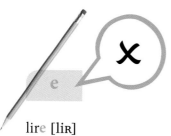

lire [liʀ]
leer

La consonante anterior

La **e** al final de una palabra hace que la **consonante anterior** sea **audible**.

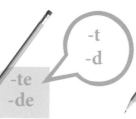

petite [pətit]
pequeña

grande [gʀɑ̃d]
alta

Finales con el sonido e / [e]

Algunas terminaciones dan el **mismo** sonido e [e]:

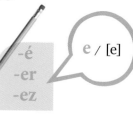

parlé [paʀle]
hablado/-a

manger [mɑ̃ʒe]
comer

venez [vəne]
venid

La liaison

La unión de dos palabras al hablar se llama **liaison**.

Se realiza al unir la última consonante de una palabra (que de lo contrario no se pronunciaría) con la vocal vocal inicial de la siguiente palabra.

Hay **liaisons** obligatorias y otras prohibidas.

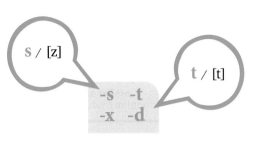

s / [z]   t / [t]

-s -t
-x -d

Después de **s** o **x**, la **liaison** se convierte en **s** arrastrada [z]; después de **t** o **d** la **liaison** t [t] se pronuncia.

Liaison obligatoria: algunos ejemplos:	
un	un_ami
les, des	des_images
ces	ces_ogres
mon, ton, son	ton_ours
mes, tes, ses	ses_affaires
nos, vos, leurs	vos_envies
aux	aux_oiseaux
aucun, tout	tout_arrive
quels, quelles quelques	quels_ogres ?
dans, chez, sans, en	sans_elle
alle Zahlen	trois_amis

on	on_a faim
vous	vous_oubliez
ils	ils_ont soif
elles	elles_iront

est	c'est_idiot

adjetivo + sustantivo	petit_âne

Liaison prohibida: algunos ejemplos:

ante
las pocas palabras con **h** aspirada:
les **h**aricots
les **h**éros

detrás de et:
la lune e**t u**ne étoile

combien:
combie**n e**n voulez-vous ?

sujeto + verbo:
le trai**n a**rrive

ÍNDICE ALFABÉTICO

ÍNDICE DE ILUSTRACIONES